本书系国际关系学院"中央高校基本科研业务费"出版资助项目
（项目编号 3262021T07）

XINSHIDAI XIANGCUN ZHILI XIANDAIHUA YANJIU

新时代乡村治理现代化研究

王少伯 ⊙ 著

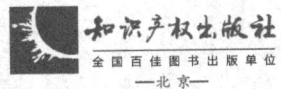

知识产权出版社
全国百佳图书出版单位
—北京—

图书在版编目（CIP）数据

新时代乡村治理现代化研究/王少伯著. —北京：知识产权出版社，2021.10（2022.10 重印）

ISBN 978-7-5130-7590-9

Ⅰ.①新… Ⅱ.①王… Ⅲ.①农村—群众自治—研究—中国 Ⅳ.①D638

中国版本图书馆 CIP 数据核字（2021）第 192023 号

责任编辑：贺小霞 责任校对：谷 洋
封面设计：刘 伟 责任印制：孙婷婷

新时代乡村治理现代化研究
王少伯 著

出版发行	知识产权出版社有限责任公司	网 址	http://www.ipph.cn
社 址	北京市海淀区气象路 50 号院	邮 编	100081
责编电话	010-82000860 转 8129	责编邮箱	2006HeXiaoXia@sina.com
发行电话	010-82000860 转 8101/8102	发行传真	010-82000893/82005070/82000270
印 刷	北京虎彩文化传播有限公司	经 销	新华书店、各大网上书店及相关专业书店
开 本	787mm×1092mm 1/16	印 张	11.75
版 次	2021 年 10 月第 1 版	印 次	2022 年 10 月第 2 次印刷
字 数	160 千字	定 价	68.00 元
ISBN 978-7-5130-7590-9			

出版权专有　侵权必究

如有印装质量问题，本社负责调换。

目　录

导　论 ··· 1
　一、问题的提出、研究背景和意义 ··································· 1
　二、相关概念界定 ··· 8
　三、国内外研究现状 ··· 18
　四、研究思路和研究方法 ··· 28
　五、研究的难点、创新点和不足之处 ································· 30

第一章　新时代乡村治理现代化的理论基础 ··························· 32

第一节　马克思、恩格斯乡村相关理论阐释 ··························· 32
　一、农业基础地位论 ··· 33
　二、农民合作思想 ··· 34
　三、城乡融合思想 ··· 37

第二节　列宁乡村建设思想 ··· 38
　一、农村基层党建思想 ··· 39
　二、保障农民权益思想 ··· 41

三、农业现代化生产思想 …………………………………………… 42

第三节 党的十八大前我党对乡村治理的认识 …………………… 44
一、毛泽东乡村建设思想 …………………………………………… 44
二、邓小平乡村建设思想 …………………………………………… 46
三、江泽民乡村建设思想 …………………………………………… 47
四、胡锦涛乡村建设思想 …………………………………………… 49

第四节 习近平新时代乡村治理思想 ……………………………… 50
一、党对乡村治理的集中统一领导思想 …………………………… 50
二、自治、法治、德治相结合的"三治融合"思想 ……………… 52
三、共建、共治、共享的乡村社会治理思想 ……………………… 53
四、乡村治理体系和治理能力现代化思想 ………………………… 54

第二章 我国乡村治理的实践与经验 …………………………… 55

第一节 新中国成立以来我国乡村治理的历史进程 ……………… 55
一、曲折发展阶段（1949—1978年） ……………………………… 56
二、改革稳定阶段（1978—2012年） ……………………………… 59
三、创新推进阶段（2012年至今） ………………………………… 63

第二节 近年来我国乡村治理典型案例分析 ……………………… 70
一、发达地区的全面城市化治理 …………………………………… 70
二、欠发达地区的村代会常任制治理 ……………………………… 73
三、新型村社一体化治理 …………………………………………… 76
四、"党建+乡村特色"治理 ………………………………………… 78

第三节 我国乡村治理实践的主要经验和启发 …………………… 80
一、我党推进乡村治理历史进程的主要经验 ……………………… 81
二、治理模式典型案例对乡村治理现代化的启发 ………………… 84

第三章　乡村治理现代化的国际经验与借鉴 … 89

第一节　美国乡村治理实践 … 89
一、美国乡村治理概况 … 90
二、治理特色：打造城乡共生型小城镇 … 91
三、治理经验与借鉴 … 93

第二节　日本乡村治理实践 … 95
一、日本乡村治理概况 … 95
二、治理特色：农协深度参与 … 98
三、治理经验与借鉴 … 99

第三节　韩国乡村治理实践 … 101
一、韩国乡村治理概况 … 102
二、治理特色：开展韩式"新村运动" … 102
三、治理经验和借鉴 … 104

第四节　国际经验对我国乡村治理现代化的启示 … 106
一、必须确保城乡均衡发展 … 107
二、必须保障治理主体的社会化参与 … 108
三、必须充分发挥政府的主导作用 … 109

第四章　新时代乡村治理现代化面临的主要问题 … 111

第一节　新时代乡村治理现代化的现实挑战 … 111
一、社会转型的挑战 … 112
二、区域发展不平衡的挑战 … 116
三、土地产权制度改革的挑战 … 117
四、乡村社会阶层变化的挑战 … 120

第二节　新时代乡村治理现代化的内部困境 ………… 121
　　一、部分基层党组织乡村治理领导力弱化 ………… 122
　　二、乡村治理体制机制不完善 ………………………… 125
　　三、"自治、法治、德治"融合力度不够 …………… 131
　　四、乡村治理主体现代化能力较低 …………………… 134

第五章　新时代推进乡村治理现代化的基本思路 ………… 138

第一节　明确推进乡村治理现代化的主要原则 ………… 138
　　一、坚持以强化党的全面领导为治理根本 …………… 139
　　二、坚持以解放和发展农村生产力为治理中心 ……… 140
　　三、坚持以村民共同富裕为治理动力 ………………… 142

第二节　着力完善新时代乡村治理现代化体系 ………… 143
　　一、完善和创新乡村自治体制机制 …………………… 144
　　二、构筑多元共治的现代乡村社会治理体制 ………… 147
　　三、促进"自治、法治、德治"融合的新体系 ……… 150
　　四、发展城乡多元投入治理的共同体格局 …………… 153

第三节　全方位提高乡村治理能力现代化水平 ………… 156
　　一、努力提升乡村"人"的现代化素质 ……………… 156
　　二、加快创新现代乡村治理手段 ……………………… 158
　　三、加强乡村土地产权治理能力 ……………………… 161
　　四、培育建设现代化乡村小城镇的能力 ……………… 162

结　论 ……………………………………………………………… 166
主要参考文献 …………………………………………………… 169
后　记 …………………………………………………………… 178

图表目录

图 1　2015—2019 年农村贫困人口变化趋势 …………… 67
图 2　2014—2018 年基层群众性自治组织情况 …………… 144

导 论

一、问题的提出、研究背景和意义

实施乡村振兴战略，是党的十九大作出的重大决策部署，是新时代"三农"工作的总抓手。实现乡村振兴，治理有效是基础。2018年中央一号文件首次提出，要加快推进乡村治理体系和治理能力现代化。乡村治理现代化是进入新时代、贯彻新思想、开启新征程，推进国家治理体系和治理能力现代化的重要内容。

2019年10月，党的十九届四中全会审议通过了《中共中央关于坚持和完善中国特色社会主义制度 推进国家治理体系和治理能力现代化若干重大问题的决定》（以下简称《决定》）。该《决定》是我们党站在更高、更长远的战略角度所做的一系列重大决策部署，对社会治理工作提出了新要求。作为国家治理体系的重要一环，乡村治理具有与其他领域、地域的治理不一样的独特性。在深入学习、深刻领悟《决定》精神的基础上，如何推进和落实好乡村治理体系和治理能力现代化，成为当前"三农"理论和实践研究所面临的重大问题。

（一）问题的提出

1. 为什么关注乡村治理？

乡村是构成整个中国社会政治生活的基础，始终是中国社会治理的重要组成部分。在国家治理和社会治理体系中，乡村治理属于社会基层治理，是具有显著乡村地域特征的基层治理，是国家治理体系在乡村的具体实践和检验。

自改革开放以来，我国社会出现明显转型，乡村人口的社会流动明显加快，乡村社会内部的封闭状态被撕开，社会分工进一步加深，农村社会上出现了农民个体工商业者、农民企业家、农民知识分子、农产品规模经营者和农村管理者等不同利益群体和阶层，出现了规模庞大的农民工阶层，农民不再是一个均质性的群体，农村也不再是一个同质性的社会。

近年来，在党中央的坚强领导下，乡村社会发展取得明显进步，为乡村治理奠定了一定的物质基础。我国著名乡村建设家晏阳初先生曾指出："乡村建设不是任何一面可以单独解决的，而是连锁进行的全面的建设。因为社会与生活都是整个的、集体的、联系的、有机的，决不能头痛医头、脚痛医脚、支离破碎地解决问题"。❶ 在当前我国五位一体的总体布局建设中，政治建设、社会建设、文化建设和生态文明建设相对滞后于经济建设，这就直接导致城乡发展不平衡、不充分的问题日益明显。我们应该清醒地认识到，当前我国最大的发展不平衡是城乡发展不平衡，最大的发展不充分是城乡发展不充分。近年来，与如火如荼的城市建设相比，乡村治理还有很

---

❶ 宋恩荣：《晏阳初文集》，教育科学出版社，1989，第153页。

多短板，例如，乡村社会发展相对滞后、利益矛盾错综复杂、干群关系紧张、封建迷信盛行等诸多问题仍然存在。乡村政治经济文化社会生态如何发展？乡村对广大人民的吸引力在哪里？乡村应该如何治理？这些都是值得各方面深思和亟待解决的重大问题。

2. 为什么聚焦乡村治理现代化？

党的十八届三中全会提出："全面深化改革的总目标是完善和发展中国特色社会主义制度，推进国家治理体系和治理能力现代化。"这是我党第一次把国家治理体系和治理能力与现代化联系起来，着眼于现代化。以往，在谈到农业农村现代化时，总是从人的现代化和物的现代化两方面来考量。治理能力现代化的正式提出丰富和完善了农业农村现代化的内涵，也引起了学者的迅速关注。

从全国各领域来看，现代化的短板在乡村。没有农业农村的现代化，就没有国家的现代化。治理是一个全局性的问题，治理现代化的实现需要一定的经济条件作为支撑。近年来，我国乡村发生了很多可喜的变化，如乡村农业基础持续巩固、乡村基础设施逐步完善、公共服务明显改善等，这些为推动乡村治理现代化创造了良好条件。

与乡村治理工作相比较，国家治理和城市基层治理层面已经具有较为明显的现代化取向与效果，包括顶层设计系统化、重点领域制度化和权责体系规范化等。我们必须认识到，在乡村治理层面，传统管理思维和方式、治理理念和体制机制以及方式方法尚未出现根本变革。因此，当前乡村治理现代化建设相对滞后。这既弱化了中央层面推进国家治理现代化的整体绩效，制约了基层善治目标的实现，也降低了广大乡村居民的改革带来的收获感。只有推进乡村治理体系和治理能力现代化，才能更好地推进全面深化改革方案在乡村地区的落实，才能有力解决乡村面临的各种深层次问题。

（二）研究背景

1. 新时代社会主要矛盾的变化背景

乡村治理现代化这一课题研究，必须建立在新时代社会主要矛盾发生转化的基础上。"新时代"是乡村治理现代化的鲜明特色。习近平同志在党的十九大报告中指出，中国特色社会主义进入新时代，我国社会主要矛盾已经转化为人民日益增长的美好生活需要和不平衡不充分的发展之间的矛盾。新时代中国社会主要矛盾的转化是基于党带领全国各族人民奋斗的多年努力，落后的生产力不再是社会主要矛盾的主要方面，取而代之的是不平衡不充分的发展，我国的经济发展重点也应随之实现从增"量"到提"质"，从"做大蛋糕"到"分好蛋糕"的转变。随着生产力的提高，人民日益增长的物质文化需要已经转化为对美好生活的向往，更多地体现出对民主、法治、公平、正义、安全、健康等美好价值的追求。当然，主要矛盾的转化虽然意味着生产力发展水平实现了某种跃进，"但当下生产力水平的跃进尚未达到实现现代化的水平，这一时期呈现出的发展阶段性特征，仍是在社会主义初级阶段这个大背景下的新特征"[1]。因此，要从变与不变两个方面来把握主要矛盾变化的内涵。

伴随着社会主要矛盾的转化，乡村居民增加了更多地对于美丽家园、优秀文化和现代生活方式等的追求。随着乡村居民的素质逐步提升，基本的温饱已经不能够满足广大乡村民众的美好生活需要，我国很多地区现阶段的乡村治理模式不能够支撑政府和村民的良好

---

[1] 辛鸣：《我国仍处于社会主义初级阶段》，《人民日报》（2018年5月2日07版）。

互动，彰显出变革治理体系和提升治理能力的迫切性。

2. 全面实施乡村振兴战略背景

研究乡村治理现代化，必须围绕实施乡村振兴战略这一背景。习近平同志在主持中共中央政治局第八次集体学习时强调，乡村振兴战略是党的十九大提出的一项重大战略，是关系全面建设社会主义现代化国家的全局性、历史性任务。要在此基础上去理解"实现乡村振兴，治理有效是基础"这句话的含义。之所以要振兴，首要原因就是与城市地区相比，乡村还处于落后状态。乡村治理缺乏类似于城市治理的相对成熟稳定的管理体系，治理基础相对薄弱，不同地区差异较大，治理的缺位与乡村的落后状态形成了不良循环。如果没有符合乡村社会发展规律的治理方式和手段，就无法改善乡村落后状态和实现乡村振兴。也就是说，乡村治理既包含在乡村振兴的目标之中，又是乡村振兴的前提和手段。乡村振兴不单纯指发展乡村经济，还包括乡村人的振兴、社会的振兴和文化的振兴等各个方面。因此，乡村治理要结合振兴的使命和任务目标，改善治理方式，做好制度保障。

中央确定的实施乡村振兴战略的目标任务分为三个历史节点：第一个历史节点，到2020年，乡村振兴取得重要进展，制度框架和政策体系基本形成；第二个历史节点，到2035年，乡村振兴取得决定性进展，农业农村现代化基本实现；第三个历史节点，到2050年，乡村全面振兴，农业强、农村美、农民富全面实现。乡村振兴战略的实现步骤与乡村治理体系的发展和完善是相一致的，要在充分发挥我国社会主义制度优势的基础上，不断在乡村治理实践过程中对制度做进一步创新和完善，确保乡村治理的方向和模式始终服务于乡村振兴的大局。

3. 国家治理现代化背景

党的十八届三中全会提出,把"完善和发展中国特色社会主义制度,推进国家治理体系和治理能力现代化"作为全面深化改革的主题。习近平同志指出,"国家治理体系和治理能力是一个国家制度和制度执行能力的集中体现"。[1]治理现代化的核心是制度现代化。以习近平同志为核心的党中央提出推进国家治理体系和治理能力现代化,是在回答"怎样治理社会主义社会这样一个全新的社会形态"这一问题,即通过不断改革和创新,让中国道路、中国制度和中国特色社会主义伟大实践永葆生机活力。

工业、农业、国防、科技四个现代化是生产力和物质基础层面的现代化,更倾向于体现一个国家的硬实力;而国家治理现代化是上层建筑和思想文化意识形态方面的现代化,更能彰显一个国家的软实力。在国家治理现代化的大背景下推进乡村治理现代化,既是一场思想变迁,也是一种伟大尝试。这是一场国家、乡村和村民由权力管控到互联互通再到合作共治善治的思想变迁,这是一种改革、发展和稳定在乡村社会实现从此消彼长的零和博弈到追求三者相互促进的正和博弈的伟大尝试。在国家治理现代化的大背景下推进乡村治理现代化,要确保乡村治理的体制机制与国家和社会层面建立良好的衔接,走出一条有中国特色的乡村治理现代化道路。

(三) 研究意义

乡村治理在整个社会发展进程中占有极其重要的地位,乡村治理体系和治理能力是否实现现代化是影响和制约我国经济和社会发

---

[1] 中共中央文献研究室:《十八大以来重要文献选编》上册,中央文献出版社,2014,第547-548页。

展的关键因素,具有重要的理论和现实意义。

1. 有助于推动三农问题的解决

长期以来,三农问题在国家经济发展格局中都是薄弱环节。推动乡村治理现代化,是解决三农问题的根本途径。改革开放以来,乡政村治的治理格局已形成并得以发展,体制框架也走向完善和稳定,治理过程中反映出来的结构性和体制性问题也在学界达成了一定共识。乡村治理现代化聚焦乡村治理的主体、机制、结构和模式等方面,从各个方面为三农问题开出了"药方",从而推动农村建设法治化、民主化、文明化和科学化,通过共治、共建、共享理念,实现农村发展、农业进步和农民致富。

2. 有助于统筹城乡协调发展

习近平同志指出:"城乡发展不平衡不协调,是我国经济社会发展存在的突出问题,是全面建成小康社会、加快推进社会主义现代化发展必须解决的重大问题。"❶ 通过完善基层治理格局,有助于破除长久以来束缚乡村发展的陈旧观念和封闭机制,加强与城市治理的融合和对接,完善城乡协调机制,有效提高公共服务供给能力,以现代化的标准推动城乡医疗、教育、卫生和其他公共服务设施一体化发展。乡村治理与城市治理有效衔接,有利于完善城乡要素合理配置、基本公共服务普惠共享、城乡基础设施一体化发展、乡村经济多元化发展和农民收入持续增长等体制机制。

3. 有利于深化国家治理体系和治理能力现代化

国家作为一个整体,其治理体系和治理能力的研究既需要顶层设计,也需要大胆地从基层开展尝试和探索,要坚持整体和部分的

---

❶ 《习近平谈治国理政》第一卷,外文出版社,2014,第81页。

辩证统一关系。乡村治理体系作为一种基层治理，也是一种完整的社会治理形态，体现出了"麻雀虽小五脏俱全"的特点，正如徐勇教授指出："只有深入到作为中国政治舞台基础的城市和乡村政治内部及其相互间的二元结构，才能科学地解析发生在中国政治舞台上扑朔迷离的景观。"[1] 因此，我们要加快创新乡村治理实践，并且完善乡村治理现代化理论，同时去指导更多的乡村治理实践。这样有助于更好地提炼治理经验并上升到国家治理层面，为如何处理好国家治理和社会基层治理的关系提供可靠参考。

二、相关概念界定

（一）乡村治理

二十年前，"治理"一词在学术界还是一个相对陌生的概念。而如今，在网络检索中，"治理"几乎和"政治""政府"等词一样常见。乡村治理，从字面上看就是运用治理理论指导乡村实践的过程。但只有使治理的各个要素之间相互配合发挥作用，才能实现乡村治理的目标。

1. 乡村治理的含义

在探讨乡村治理之前，有必要回顾一下"治理"这一概念。治理理论是当今国内外社会科学领域的前沿理论之一。"治理"一词主要应用于国家层面，治理实践具有协商性和协作性，从运用国家权力进行统治，逐渐转向政府和非政府多个主体通过协商协作完成各

---

[1] 徐勇：《非均衡的中国政治：城市与乡村比较》，中国广播电视出版社，1992，第6页。

种政策指令。国内学者也对"治理"一词的内涵有较为统一的共识,例如,陈振明等认为,治理是"一个上下互动的管理过程,它主要通过多元、合作、协商、伙伴关系、确立认同和共同的目标等方式实施对公共事务的管理,其实质在于建立在市场原则、公共利益和认同之上的合作"。❶ 这说明,与管理和统治有很大区别的地方是,治理更强调坚持主体多元参与和公平平等协商的原则。

乡村治理理论是在 20 世纪 90 年代末,徐勇、贺雪峰等学者在研究我国农村村民自治过程中,嫁接和发展西方社会治理理论而衍生出来的。社会治理理论是西方发达国家关于社会管理的一种理论,其宗旨是探讨如何实现对社会公共事务更有效的管理,主张管理主体的多元化,强调政府机构与非政府机构在公共事务管理中密切合作,从而提供更多更好的公共产品。而乡村治理理论则是指"中国乡村如何可以自主管理,从而实现乡村社会的有序发展"❷ 的一种理论,它以多元主体、民主机制、善治目标为主要理论支撑。

乡村治理是一个具有丰富内涵的概念,是以乡村为研究目标、以治理的相关理论为指导、以实现乡村善治和可持续发展为目标的实践活动。目前,国内的文献资料中有若干关于乡村治理的内涵界定,这些观点尽管视角不尽相同,但是在乡村治理的主体、过程和方式等方面具有高度的统一性。综合目前国内学者的多角度论述,乡村治理可以总结为乡镇政府、村两委、村民和其他社会组织等多种主体,通过良性互动和共同运作,影响和调控乡村社会公共事务的过程。

---

❶ 陈振明,薛澜:"中国公共管理理论研究的重点领域和主题",载《中国社会科学》2007 年第 3 期,第 141－142 页。
❷ 贺雪峰:"乡村治理研究与村庄治理研究",载《地方财政研究》2007 年第 3 期,第 46 页。

2. 乡村治理的组成要素

乡村治理是一个相对复杂的工程。首先，要明确谁来治理的问题，即治理主体；其次，要弄清需要治理什么，即治理客体；再次，要针对性地找准如何进行治理，即治理方式；最后，要把握好治理的方向，即治理目标。

（1）治理主体。

治理主体的确定就是明确在乡村治理过程中谁来治理的问题。主体是治理理论中的重要概念并且一般是多元的，因为"治理是社会的共同行为，不限于政府行为，而且还有企业、社会组织、社会群体、个体行动者等"❶。在管理乡村共同事务、提供乡村公共服务方面存在多个主体：既可以是村委会，也可以是村庄内外的社会组织；既可以是村集体，也可以是个人。

基层政权的乡镇政府和村民自治组织长期以来扮演着主要的治理主体的角色，在我国长期的乡村治理实践中发挥了重要作用，但其弊端也逐渐显现。在现代乡村社会生活中，随着社会改革的推进和市场经济的发展，治理主体已经多元化。乡村各级党政组织不再是单一的治理主体，社会组织、民营企业和村民都在乡村治理过程中承担起相应的责任，尤其是村民，作为乡村治理的主体之一，越来越凸显出应有的作用。

（2）治理客体。

治理客体是与治理主体相对应的概念。结合相关治理理论，笔者认为，乡村治理的客体主要是指乡村治理的对象，即乡村的人和物。

---

❶ 王春光："中国地方社会治理实践的理论透视"，载《中共中央党校学报》2017年第5期，第105页。

乡村的人主要指村民,他们一方面作为治理主体参与乡村治理,另一方面又是治理的目标,他们的思想理念、受教育程度和价值取向对乡村建设具有重要影响。

乡村的物,即乡村的客观存在,广义上包括乡村的政治、经济、社会、文化和生态文明五个方面。这五个方面是统一的整体:乡村政治主要是指乡村基层政权组织机构、制度的完善以及政策的调适和政权组织活动过程中的公众参与;乡村经济主要包括乡村产业发展和村民生活水平;乡村社会主要指乡村在社会发展过程中人与人之间的关系以及社会公平正义;乡村文化主要是指村民在农业生产与生活实践中逐步形成并发展起来的道德情感、社会心理、风俗习惯和行为方式等;乡村生态文明主要是指遵循乡村自身的发展规律,着力保护生态环境,推动乡村绿色发展。

(3) 治理方式。

治理方式是乡村治理要素中最关键的要素。与行政管理不同,乡村治理主要是依靠民主和法治。乡村治理是建立在信任与互利基础上的乡村协调网络,是一个上下互动的管理过程,是在互信、互利、相互依存的基础上进行持续不断的协调与合作,通过求同与存异来化解冲突与矛盾以及维持村庄秩序。

乡村治理不是乡村统治,它的作用的发挥不是靠政府强权,这就决定了它的治理方式是多元的,这其中既包括法制的、行政的、经济的、市场的,还包括社会的、文化的。总之,将民主和法治思维贯穿在乡村治理中,乡村治理可以综合运用多元化的治理方式。

(4) 治理目标。

乡村治理的目标就是实现乡村善治,进而为实现乡村振兴提供有效支撑。"善治是政府、公民社会组织和私人部门在形成公共事务中相互作用，以及公民表达利益、协调分歧和行使政治、经济、社会权利的各种制度和过程"❶。乡村治理模式不再承认政府主抓乡村事务管理，而是采取以村两委为主，乡村内外各类组织和个人合作，以实现乡村公共利益最大化的制度安排。

乡村治理特别重视发挥传统"乡风文明"即"礼治"的作用进而达到"善治"的目的。乡村善治能够更充分地发挥和调动乡村各种资源，形成推动乡村持续发展的强大动能。

（二）新时代乡村治理现代化

新时代乡村治理现代化紧扣"新时代"之大背景，结合乡村治理的新情况和新问题，对传统乡村治理模式进行进一步改进。它是在国家治理现代化的大背景下，适应现代化的发展趋势，多元化主体在制度框架安排下进行自我转型，实现乡村政治、经济、社会、文化和生态文明建设持续发展而达到乡村善治的过程。

1. "现代化"的概念

随着"现代化"理论的不断传播和运用，"现代化"已经成为高频率词，普遍出现在理论文章、官方文件和媒体报道中。然而，究竟什么是"现代化"，不同的人对这一概念从不同角度会有不同的理解，目前学界对"现代化"这一概念尚未有统一的定义。但是可以确定的是，现代化既能代表社会发展到一定程度的静态特征，又能表示社会不断向前发展进步迈向现代化的动态过程。

中国社会科学院现代化研究中心何传启在《现代化概念的三维

---

❶ G. 沙布尔·吉玛，丹尼斯·A. 荣迪内利：《分权化治理：新概念与新实践》，唐贤兴、张进军等译，格致出版社、上海人民出版社，2013，第5页。

定义》中对"现代化"这一概念从三个方面进行了解读。❶ 首先，从基本词义来讲，可以是成为现代的、适合现代需要的；其次，从理论含义上来讲，现代化是指自工业革命以来人类社会向更高水平发展的过程和状态，既包括在发达国家的社会形态中一种静态水平，也包括不发达国家追赶的动态过程；最后，从政策实践层面来理解，"现代化"是现代化理论在现实中的运用，即推进现代化的具体措施。"现代化"这个表述更早起源于西方发达国家，从18世纪中后期到现在，世界上历经了三次现代化浪潮，每次现代化的浪潮都是先进生产力和先进理念取得突破性进步的过程。

关于我国的现代化，学界普遍认为始于鸦片战争，是在西方文明的入侵中被动开启的。在受到西方列强"坚船利炮"的凌辱后，一批中华志士认识到落后就要挨打，只有图强才能救国，当时的"师夷长技以制夷"就蕴含了"现代化"这一思想。1933年的《中国申报》专版刊发了"中国现代化问题"，包括20多篇文章，集中讨论中国当时现代化道路面临的困难和途径等。随后，虽然知识界对"现代化"也进行了不懈探索，但没有找到符合中国实际的现代化发展道路。

中国共产党的成立为我国的现代化理论和实践带来了光明前景。在抗日战争时期，毛泽东就提出中国工业化的要求，那就是必须有工业，必须工业化。❷ 1964年，周恩来总理提出要全面实现农业、工业、国防和科学技术的现代化的宏伟目标。❸ 改革开放之后，我们党曾提出现代化的"三步走"战略，即解决人民温饱问题、人民生

---

❶ 何传启："现代化概念的三维定义"，载《管理评论》2003年第3期，第9页。
❷ 《毛泽东文集》第3卷，人民出版社，1996，第146页。
❸ 《周恩来选集》（下卷），人民出版社，1984，第439页。

活总体上达到小康水平、基本实现现代化。在这个基础上,我们党提出并进一步细化了现代化的目标,即到新中国成立一百年时,基本实现现代化,把我国建成社会主义现代化国家。

进入新时代,我党在已取得的成绩基础上做出顶层设计,从各领域谋划推进社会主义现代化建设,中国特色社会主义现代化建设进入了以"强起来"为主要内涵的新征程。

2. 新时代乡村治理现代化的主要内容

(1)"新时代"是乡村治理现代化的鲜明特色。乡村治理现代化要坚持以习近平新时代中国特色社会主义思想为指导,建立在我国当前乡村治理实践的基础上,结合新时代乡村发展出现的新情况和新问题,找准解决的方案和突破口,创新和改进乡村治理,推动乡村治理向更高水平迈进,步入符合现代化的治理轨道,进而实现乡村善治和乡村振兴。

新时代乡村治理现代化的总体目标提道,"到2035年,乡村公共服务、公共管理、公共安全保障水平显著提高,党组织领导的自治、法治、德治相结合的乡村治理体系更加完善,乡村社会治理有效、充满活力、和谐有序,乡村治理体系和治理能力基本实现现代化"[1]。乡村治理现代化是我国实现中华民族伟大复兴征程里的一个中期目标,必须积极探索,围绕党和国家的顶层制度设计稳步推进。

(2)乡村治理现代化包括乡村治理体系现代化和乡村治理能力现代化。乡村治理体系是乡村多元主体在党组织的领导下对乡村进行治理的制度体系,包括乡村政治、经济、文化、社会和生态文明等各领域的体制、机制和法律法规安排,也就是一整套紧密相连、

---

[1] 《中国共产党农村工作条例 中国共产党农村基层组织工作条例 关于加强和改进乡村治理的指导意见》,法律出版社,2019,第45页。

互相协调的乡村治理制度。乡村治理能力就是在乡村治理体系框架内综合运用多种方式来管理乡村社会各方面事务的能力,乡村治理能力现代化是应对乡村治理各种难题所进行的主动性能力提升。

乡村治理体系现代化是治理能力现代化的重要保障,乡村治理能力现代化是治理体系现代化的主要目标。要想实现真正的乡村治理能力现代化,首要任务就是要针对乡村特点和实际形成与乡村社会发展相匹配的治理体系。通过构建和完善乡村治理体系,将法制观念、多元共治、公平正义和协商民主的思想融入乡村治理的全过程。

(3) 乡村治理现代化体现过程与目标的统一,也是理论与实践的统一。乡村治理现代化是过程与目标的统一,即乡村治理现代化既是推动乡村治理发展的过程,又是推动乡村治理过程中需要实现的现代化的目标。作为过程,主要指从传统到现代的转化,强调的是乡村治理实践的发展,其治理体系和治理能力逐渐实现从低级到高级、从简单到复杂、从无序到有序的提升。作为目标,强调的是乡村治理应有的状态,是指乡村治理体系和治理能力符合现代乡村治理的要求,能够更好地推动乡村经济社会健康有序发展。

从另一方面来说,乡村治理现代化是理论与实践的统一,即乡村治理现代化既是一个理论创新发展的过程,也是乡村治理体系和能力在实践中不断发展完善的过程,两者互相促进并统一于中国特色社会主义建设的伟大实践中。从共产党成立初期领导农村革命根据地、经历抗日战争、解放战争、新中国成立、改革开放和新时代乡村治理实践的曲折探索,乡村治理实践为今天乡村治理现代化不仅提供了实践基础,还提供了经验和理论来源。

3. 新时代乡村治理现代化的基本特征

习近平同志在党的十九大报告中指出,"完善党委领导、政府负责、社会协同、公共参与、法治保障的社会治理体制,提高社会治理社会化、法治化、智能化、专业化水平"[1]。这个"四化"是我党首次系统地提出社会治理发展方向,笔者认为可以将这"四化"看作我国新时代乡村治理现代化的基本特征。

(1) 治理主体社会化。

乡村治理主体社会化是对治理主体多元化概念的进一步发展和提升。随着乡村治理模式的不断发展变化,以乡镇基层政府和村两委治理为主的"乡政村治"形式也因为治理主体单一而不足以调动广大村民的积极性,村民普遍存在乡村事务由村两委包办的思维定式。所以,当前乡村治理的迫切任务就是充分发挥社会潜力,动员全社会的力量积极有序地参与到乡村治理中来。

在乡村治理现代化的过程中,社会组织和民营企业扮演着更重要的角色,它们创造机会引导广大村民群众参与乡村社会和经济事务,提高村民的话语权和表达权,促进了多元主体共建共治共享。治理主体社会化有利于村民、企业和社会组织共同分享乡村治理现代化成果,充分体现以人民为中心的理念,即发展是为了人民、发展依靠人民、发展成果由人民共享。

(2) 治理运行法治化。

乡村治理运行法治化是指乡村治理过程中要使行政权力规范运行,要坚持依法办事,避免使用公权力去干预村民的自治权利,防止出现权力的滥用,使法治成为乡村自治和德治的保障。

法治,是具有现代化色彩的重要因素之一。首先,乡村治理过程中要尤其注重治理领域的规范、程序、法律责任,要把议事流程

---

[1] 习近平:《决胜全面建成小康社会 夺取新时代中国特色社会主义伟大胜利——在中国共产党第十九次全国代表大会上的报告》,人民出版社,2017,第48页。

用制度的形式规范起来。其次，需要加大乡村普法教育和宣传力度，培养广大村民和干部的法治意识，形成"办事依法、遇事找法、解决问题用法、化解矛盾靠法"的乡村社会氛围。最后，还要坚持以德治村的传统，发挥乡村地方优秀文化的作用，通过乡贤的精神标杆作用，使道德成为促进法治的力量，成为法治的坚强助力。

（3）治理手段智能化。

科学技术是第一生产力。先进技术的发展已经深刻地改变了中国社会。乡村治理的大舞台，显然不能离开先进科技和智能化的手段，否则现代化就是空谈。"互联网＋"、大数据和智能办公等信息化潮流如涌而至，在乡村社会具有巨大潜力和发展空间。

治理手段智能化，是乡村社会内在发展趋势的要求所在。第一，智能化的普及会倒逼村民提升素质，不仅能使治理主体有机会进行学习和自我提升，还能使得他们之间的沟通更加便利、回应更加及时、参与更加具有深度。第二，它有利于显著提高基层政府和村两委的工作效率，因为面对的村民数量很大，"一对多"的状况一直制约着乡村治理的成效。第三，它有利于实现乡村治理的科学决策，通过对服务资源进行整合，来告别治理信息的碎片化问题。

（4）治理水平专业化。

在乡村专门人才比较短缺的情况下，乡村的发展受到很大的掣肘。治理水平专业化指的是治理手段和方法符合乡村治理内在规律和特点，利用专业化资源力量，运用专业化工作方法，建设专业化人才队伍，大力推进社会治理方式方法专业化，促进社会治理更专业高效。

首先，干部队伍的专业化是一个突出问题，要想夯实乡村社会治理的基础，必须建设高素质专业化干部队伍和社会治理各类人才队伍。其次，专业化的工作方法应该有统一标准，在乡村农业种植技术培训、突发事件应急响应、村民心理疏导和矛盾纠纷解决等方面都要有专业的工作方法，将专业化建设纳入乡村治理体系中，实现社会治理目标。最后，坚持专业化工作精神与态度，要以人民为中心，将专业化运用到村民急需解决的问题上来。

三、国内外研究现状

乡村治理的研究在近二十年呈现井喷之势，引起了国内外学者的持续关注。党的十八大以来，以习近平同志为核心的党中央对促进乡村发展作出重大战略部署，提出了许多重要论述，为新时代乡村治理指明了方向，值得学界认真学习研究。全面总结国内外学者对乡村治理领域的研究成果，有助于开拓思维，查漏补缺，使研究的视角更加全面。

（一）国内研究现状

现阶段，国内关于乡村治理有比较全面的研究，包括发展历程、治理内涵、治理主体、治理关系、治理困境和解决对策等。与乡村治理本身相比，关于乡村治理现代化的研究领域相对较少，主要集中在乡村治理现代化的内涵、路径和国际经验等方面。

1. 关于乡村治理的研究

（1）关于新中国成立以来乡村治理发展历程的研究。随着社会主义建设和市场经济的推进，我国乡村治理的模式和方式都发生了很大变化，经历了从不完善到逐渐完善的发展历程，国内学者也对新中国成立以来乡村治理发展历程做了研究和归纳。徐勇总结了我国乡村社会所经历的散—统—分—合的社会阶段特点,提出了乡政村治的治理结构,为研究乡村治理在社会转型过程中实现创新发展提供了逻辑理路。❶ 苏海新和吴家庆以1949年新中国成立和1978年改革开放为时间节点,将乡村治理分为"县政绅治""政社合一"和"乡政村治"三个阶段,并对未来乡村治理模式进行预测,即在"多元共治"的基础上推进乡村治理体系和治理能力现代化,进而实现乡村"善治"。❷ 冯石岗和杨赛也对乡村治理的时代发展进行了划分,包括人民公社阶段、乡政村治阶段与和谐新农村阶段,并提出法治化是乡村治理模式转化的主要方向。❸ 蒋永穆等则认为,新中国成立以来,我国乡村治理大致经历了四个阶段,即"村社合一"阶段、"政社合一"阶段、"乡政村治"阶段和"三治结合"阶段,强调新时代推进乡村治理现代化需要紧扣国家现代化的目标,统筹好治理主体的利益协调机制。❹ 总之,国内学者在对我国乡村治理的历程总结中,虽然阶段划分术语不尽相同,但总体上是一致的。根据学者对乡村治理历程的梳理,大多认为目前我国乡村治理处于从"乡政村治"向"三治结合"的现代化转型之中。

(2)关于乡村治理的内涵研究。治理是一种新的管理过程,是指政府内外的行为体、作用和责任界限的模糊与相互依存,以及相

---

❶ 徐勇:"县政、乡派、村治:乡村治理的结构性转换",载《江苏社会科学》2002年第2期,第27-28页。
❷ 苏海新,吴家庆:"论中国乡村治理模式的历史演进",载《湖南师范大学社会科学学报》2014年第6期,第35-39页。
❸ 冯石岗,杨赛:"新中国成立以来我国乡村治理模式的变迁及发展趋势",载《行政论坛》2014年第2期,第22页。
❹ 蒋永穆,王丽萍,祝林林:"新中国70年乡村治理:变迁、主线及方向",载《求是学刊》2019年第5期,第1页。

对而言命令的不重要，更加强调主体之间的互动和协商。❶ 自20世纪90年代治理被运用到乡村社会建设领域以后，学界对乡村治理的内涵做了很多研究。从相关文献来看，对于乡村治理的内涵界定主要有如下三种观点：一种观点认为乡村治理主要是解决乡村矛盾和纠纷的问题，例如，赵树凯在《乡村治理：组织与冲突》中指出，在乡村治理体系中，多种主体互相依存，通过参与、谈判和协调等合作的方式来解决冲突，实现一种良好和谐的秩序❷。另一种观点侧重于从政治层面上界定乡村治理的概念，认为乡村治理是通过公共权力的配置与运作，对乡村社会进行组织管理和调控，从而达到一定目的的政治活动❸。还有一种观点认为乡村治理是各主体充分发挥各自作用的机制，例如，郭正林认为"所谓乡村治理，就是性质不同的各种组织，通过一定的制度机制共同把乡下的公共事务管理好"❹。因此，综合来看，乡村治理的内涵可以概括为在乡村社会生活和生产过程中，乡镇政府、村两委、村民、社会机构和乡镇企业等多元化主体，在乡村自治的体制机制下，通过协商和互助，依法进行乡村事务管理的过程。

（3）关于乡村治理主体的研究。在前文的概念界定中，已经对治理主体的定义进行了概括。然而，治理主体在现实中的范围究竟应该有哪些？可以说多元化是当前公认的观点，只是进行区分的标准不同而已。张艳娥认为"治理主体既包含制度性主体又包含非制

---

❶ 王浦劬，臧雷振：《治理理论与实践：经典议题研究新解》，中央编译出版社，2017，第8页。
❷ 赵树凯："乡村治理：组织和冲突"，载《战略与管理》2003年第6期，第2—6页。
❸ 徐勇：《乡村治理与中国政治》，中国社会科学出版社，2003，第357页。
❹ 郭正林："乡村治理及其制度绩效评估：学理性案例分析"，载《华中师范大学学报》（人文社会科学版）2004年7月，第25页。

度性主体。细化又可分为村干部、各类乡村精英与村民"❶。任艳妮从制度层面将乡村治理主体进行归类,从治理主体的组织和功能类型予以区分,包括体制内主体、体制外主体和衍生主体三种类型。❷李长健认为,在多元共治的治理结构中,治理主体主要由政府、农民、市场、社会四维治理主体构成,并且随着治理环境多样、治理主体多元、治理关系多维,各主体间的利益协调关系也会变得更加复杂。❸与此同时,也有学者认为,乡村治理主体出现全民化趋势,这里的全民不仅指全体村民,还包括村民代表、村两委、村务监督委员会、乡贤等力量。除此以外,需要依托各类社会组织,从而弥补乡村治理主体力量上的不足。❹不难看出,虽然乡村治理主体的具体划分标准还没有统一的定论,但其多元化趋势已经被充分关注并达成广泛共识。

(4)关于乡村治理关系的研究。顾名思义,治理关系指的是在乡村治理过程中不同治理主体之间以及主体和客体之间形成、存在和发展着的关系。首先是关于乡镇与村庄的关系。郭正林认为"乡镇与村庄之间有三重关系:其一是乡镇党委与村党支部的领导与被领导关系;其二是乡镇政府与村委会在村民自治事务范围内的指导与被指导关系;其三是乡镇政府与村级组织在行政事务上的管理和被管理关系"。❺其次是关于乡村正式制度与非正式制度的关系。罗光

---

❶ 张艳娥:"关于乡村治理主体几个相关问题的分析",载《农村经济》2010年第1期,第15页。

❷ 任艳妮:"多元化乡村治理主体的治理资源优化配置研究",载《西北农林科技大学学报》(社会科学版)2012年第3期,第106页。

❸ 李长健、李曦:"乡村多元治理的规制困境与机制化弥合——基于软法治理方式",载《西北农林科技大学学报》(社会科学版)2019年第1期,第79-80页。

❹ 康晓强:《"村情通"——新时代乡村治理新模式》,人民出版社,2018,第4页。

❺ 郭正林:"论乡村三重关系",载《村民自治进程中的乡村关系学术研讨会论文集(上)》2001年12月。

华认为在城乡一体化体制下,要积极以正式制度引导非正式制度良性发展,同时两者加以融合平衡。❶ 最后是关于乡村治理内部各主体之间的关系。张国磊、张燕妮认为"在社会主要矛盾转化的新时代背景下,应通过加快乡镇政府职能转变、差异化选派驻村第一书记、培育农村社会组织、村支两委回归自治以及培育新乡贤精英与打造新型职业农民队伍,在提升各主体责任意识的同时,也能推动乡村振兴战略的实施"❷。

(5) 关于乡村治理困境和对策的研究。乡村治理的困境和对策是学者们关注度比较高的方面。针对乡村治理过程中的困境和对策,国内学者通过调研进行了总结,并提出了相应的建议。首先,城市化给乡村治理带来了很多新问题,正如黄胜胜指出,在城市化的大背景下,乡村逐步呈现空心化特点,并且在市场化和城镇化方面准备不足,乡镇政府的治理能力相对滞后,城市文化与乡村价值冲突导致社会失范,村民与政府在乡村事务中没有形成有效社会互动。针对这些困境,他提出要通过借鉴城市社区的经验、发挥乡规民约作用和优化乡镇政府流程等来推进乡村治理❸。其次,在乡村治理结构方面也面临着一些难题。李文政提出,目前我国乡村社会的"乡政村治"治理结构中,"乡政"和"村治"权责不清、关于事权和财权的界定不规范,导致乡镇指导和乡村自治两者之间的关系错位,

---

❶ 罗光华:"城乡治理体系的现代化与乡村治理能力塑造",载《当代世界与社会主义》2014年第6期,第137页。
❷ 张国磊,张燕妮:"新时代乡村振兴主体的角色定位",载《农村经济》2019年第12期,第47页。
❸ 黄胜胜:"城市化进程中乡村社会治理困境及优化路径",载《湖北民族学院学报》(哲学社会科学版)2015年第5期,第20页。

导致乡村治理成效降低。❶ 究其原因，吴莹指出，主要是由于我国乡村社会在现代化进程中发生了深刻变革，以流动性和开放性为主要特征，随着职业身份和生活方式的转变，村民自主性和多元性趋势发展明显。❷ 关于如何理顺乡政村治的治理结构问题，除了明确两者治理权力的范围外，还需要加快乡镇政府改革，提供优质的公共服务，同时完善监督体制机制，确保乡村治理的民主化和公开化。❸ 再次，乡村治理面临的法治化转型困境也受到了学者的重视，尤其是如何将乡村治理法治化与自治和德治结合起来，这是今后研究的主要方向。李营认为，在法治框架下推进乡村治理转型困境主要包括法治的实现形式单一、地位边缘化，法治体系不完善和乡村治理主体的法治素养不足等，因此必须立法先行，规范乡村法律制度体系，健全乡村治理法治化的组织体系和创新法治宣传的途径和方式。❹ 最后，有学者将乡村治理困境总结为"弱治理"现象，主要表现为社会秩序混乱、人才流失严重、宗族村霸现象严重等，因此必须厘清乡村自治与政府管理的关系，培育自治主体，营造法治环境。❺

2. 关于乡村治理现代化的研究

（1）关于乡村治理现代化内涵的研究。关于乡村治理现代化的内涵，国内学者还没有统一的定义。但不可否认的是，从国家治理

---

❶ 李文政："当前中国乡村治理的困境与对策探究"，载《中国农学通报》2009年第16期，第343–346页。

❷ 吴莹："现代化进程中乡村社会治理模式的困境与出路"，载《北方论丛》2017年第2期，第130页。

❸ 丁祥艳："社会主义新农村视域中的乡村治理优化研究"，载《求实》2009年第7期，第87–90页。

❹ 李营："乡村治理法治化转型困境及破解之策"，载《领导科学》2019年第22期，第49–50页。

❺ 戴文亮："乡村自治的'弱治理'困境及突破"，载《生态经济》2013年第6期，第42–43页。

现代化的角度和乡村内部结构角度，学者们给出了很多具有启发性的内涵概括。康晓强认为，在国家治理体系和治理能力现代化的进程中，乡村治理现代化发挥着基础性和支撑性作用，内容主要包括乡村治理主体全民化、治理机制便民化、治理过程民主化、治理结构扁平化、治理运行规范化、智力成果共享化和治理模式智能化七个方面。❶ 权丽华的观点与其类似，她指出国家治理体系和治理能力现代化包含着乡村治理的现代化，即乡村治理更加民主化、法制化、文明化、程序化❷。王小君认为，推进乡村治理现代化进程中，治理体系是治理能力的基础和前提，治理能力是治理体系完善与否的具体展现，二者辩证统一，缺一不可。❸ 范瑞光认为，治理资源、制度结构和公共产品供给这三方面是制约乡村治理现代化的重要因素，必须从制度体制方面加以完善和解决。❹

（2）乡村治理现代化的路径研究。乡村治理现代化事关实现建成社会主义现代化强国目标的实现。但由于乡村治理现代化是个比较新的概念，关于其实现途径的研究还相对较少，只是有学者在这方面做了初步探讨。贺雪峰认为，当今中国乡村有中西部欠发达农村和东部沿海发达农村两类，"不同地区存在着不同的乡村管理体制的选择，并且这种选择仍在进行中。只有形成与当下中国农村相匹配的乡村管理体制，才能实现可行的基层治理现代化"❺。郑会霞从

---

❶ 康晓强：《"村情通"——新时代乡村治理新模式》，人民出版社，2018，第3页。
❷ 权丽华：《国家治理能力现代化背景下的乡村治理研究》，光明日报出版社，2016，第14页。
❸ 王小君：《现阶段我国乡村治理能力现代化问题研究》，硕士学位论文，河南师范大学，2016年第10页。
❹ 范瑞光："乡村治理现代化的困境及对策分析"，载《理论观察》2016年第8期，第104–105页。
❺ 贺雪峰："乡村治理现代化：村庄与体制"，载《求索》2017年第10期，第5页。

新时代我国乡村治理存在的短板角度分析,认为"在乡村振兴背景下,应从基层党建引领、社会资源配置、社会矛盾化解和公共服务供给四个维度进一步提升乡村治理能力和水平,加快推进乡村治理现代化"❶。杜熙等从乡贤文化的角度出发,提出乡贤文化能够有效培育乡村新风,凝聚乡村力量,减少村民矛盾冲突,同时也能够为乡村经济发展发挥积极作用,为推动乡村治理现代化带来积极成效。❷韩鹏云从乡村治理现代化的实践检视和理论反思角度,指出乡村治理体系现代化的实践逻辑与乡村社会基础的匹配存在一定的张力,并会产生一些意外的后果,推进乡村治理现代化必须实现领导能力精英化、服务能力社区化和公共管理能力专业化。❸

(3) 乡村治理现代化的国际经验研究。经过梳理发现国内学者对乡村治理现代化的国际经验有一定的研究,但是仍然处于起步阶段,相当多的经验是从国家角度来分析的,例如,许海清从国家治理的角度,认为"重视法治手段、重视公民意识、重视社会参与、重视科技手段是推进治理现代化的重要经验",并且同时对借鉴西方治理经验提出了几点警示,如"要避免西方发展模式、要避免西方国家政治体制缺陷、要避免一些国家的转型危机"等❹。也有学者单纯从乡村的角度来总结国际乡村治理现代化的经验,方正、金俊杰对韩国新村运动的经验做了总结,认为新村运动提高了韩国农民

---

❶ 郑会霞:"乡村振兴背景下乡村治理能力提升的四个维度",载《学习论坛》2019年第12期,第67页。

❷ 杜熙,孟楠:"乡贤文化助力农村治理现代化",载《人民论坛》2018年第24期,第66页。

❸ 韩鹏云:"乡村治理现代化的实践检视与理论反思",载《西北农林科技大学学报》(社会科学版)2020年第1期,第102页。

❹ 许海清:《国家治理体系和治理能力现代化》,中共中央党校出版社,2013,第231-236页。

的民主意识和协作意识,通过制定《地方分权特别法》等法律,较好地促进了基层治理。❶ 刘承礼从乡村公共品提供机制的角度,深入研究了匈牙利乡村治理模式,总结了其乡村治理制度化、法律化和程序化的治理经验。❷ 这些国际经验都为我国乡村治理现代化提供了有益参考。

(二) 国外研究综述

国外学者对我国的乡村早有研究,在"治理"这一专业术语尚未在我国流行起来之前就出现了针对我国乡村历史、乡村经济、乡村政治和乡村社会建设的专业性著作,从多种视角探析我国乡村的面貌和发展路径。目前,已经由大批国外高校和科研机构成立了专门机构来研究中国的乡村治理问题,例如,美国加利福尼亚大学洛杉矶校区中国研究中心围绕中国乡村进行了一系列研究,并创办了高水平国际刊物《现代中国》和《中国乡村研究》。从研究著作上来看,国外学者对中国乡村治理的研究主要代表有白苏珊的《乡村的权利与财富:制度变迁的政治经济学》(2009)、丹尼尔·哈里森的《华南的乡村生活》(2006)、毕克伟的《中国乡村:社会主义的国家》(2002)、黄宗智的《华北的小农经济与社会变迁》(2000)和《长江三角洲的小农家庭与乡村发展》(2000)、马克·赛尔登的《他们为什么获胜:对中共与农民的反思》(1993)等,这些国外学者对我国农村基层治理的研究已经取得了一系列成果,研究领域不断扩大,在乡村治理现代化方面也开始有所触及。

---

❶ 方正,金俊杰:"韩国基层治理经验及其借鉴意义",载《旅游纵览》(下半月) 2013 年第 3 期,第 355 页。
❷ 刘承礼:"匈牙利乡村治理的模式解读与经验借鉴——基于乡村公共品提供机制的研究",载《经济社会体制比较》2006 年第 1 期,第 109 – 113 页。

关于中国乡村面貌的整体研究。例如，美籍学者丹尼尔·哈里森根据在中国长期对广东凤凰村进行的田野考察与研究，对该村落的政治、教育、民主管理方式等方面进行了深刻的阐述。随后，美籍华裔学者黄宗智在其著作中将中国华北农村向世界各国读者展现出来，借助美国人类学家格尔茨的内卷化理论，对中国乡村社会变迁进行分析，指出"人口压力和社会分层结合起来，在一个停滞的小农经济上导致了一个特别恶性的顽固体系"❶。美国学者罗斯高（Scott Rozelle）等从乡村干部与村民、上级部门的关系角度，阐述了乡村治理关系影响土地制度的形成❷。

关于中国乡村治理现代化进程的研究。近年来，国外一些学者持续关注着我国乡村治理的进展和成效，认为我国乡村治理取得了很大成绩，有进入现代化治理的趋向。其中不乏比较独特的视角，例如，爱尔兰学者瑞雪·墨菲通过对中国南方三个村庄的农民工进行研究，指出中国的农民工从某种程度上促进了乡村和国家的现代化发展。❸也有学者关注中国现代发展过程中比较明显的城乡差距问题，通过不同指标将中国的城市和乡村进行对比，例如美国哈佛大学的托尼·赛琪（Tony Saich）认为，与城市居民相比，中国乡村人口对政策的满意度更低，应该着力提升在乡村治理过程中乡民对于政府的认同感。❹ 总体来看，国外学者由于相对缺乏对于中国乡村的实践经验，对于中国乡村治理的内在结构，以及中国乡村通过何种

---

❶ 黄宗智：《华北的小农经济与社会变迁》，中华书局，2000，第210－211页。
❷ Rozelle Scott and Guo Li："Village Leaders and Land－Rights Formation in China.", *American Economics Review*，1998（5），433－438.
❸ 瑞雪·墨菲：《农民工改变中国农村》，黄涛、王静，译，浙江人民出版社，2009，第19－21页。
❹ Tony Saich："Citizens' Perceptions of Governance in Rural and Urban China"，Journal of Chinese Political Science，2007（12），2－3.

方式迈向现代化的道路仍然没有做深入的研究。

四、研究思路和研究方法

（一）研究思路

本书主要分为以下六个部分：

一是导论部分。首先是结合选题的初衷，明确在国家治理体系现代化和乡村振兴的征程中乡村治理应该扮演什么样的角色。其次，界定乡村治理现代化的主要内涵，以及乡村治理现代化的主要特征。最后，对乡村治理和乡村治理现代化的研究现状进行梳理，总结国内外主要研究现状，同时提出本书的研究方向、研究方法和可能的创新点以及不足之处。

二是阐述新时代乡村治理现代化应该坚持的指导思想。要毫不动摇地坚持马克思主义经典作家对于国家社会和乡村发展的有关论述，在总结党对乡村治理理论认识的基础上，着重突出习近平新时代中国特色社会主义思想对于乡村治理的新理念，确保我国乡村治理现代化保持正确的方向。

三是回顾新中国成立以来乡村治理经历的三个不同时期的主要历程及其特点，总结我国乡村治理的主要经验，并通过不同地区的典型案例，提出这些典型案例对于我国乡村治理现代化的主要启示。

四是介绍和分析西方发达国家关于乡村治理方面的做法，选取美国、日本和韩国三个具有不同乡村治理特色的国家进行分析，将其中好的经验跟我国的乡村治理实践相结合，进而为我国乡村治理现代化提供有益参考和借鉴。

五是紧紧围绕新时代这个大背景，着力找准在新时代乡村治理面临的客观挑战和内部困境，并且进行具有针对性的挖掘。找准问题是出发点，只有找准问题才能更好地解决问题。

六是结合找出的主要问题来提出推进乡村治理现代化的基本思路，即要明确推进乡村治理现代化的主要原则，着力打造乡村治理现代化体系，全方位提升乡村治理能力现代化水平，进而为实现乡村振兴战略奠定基础。

（二）研究方法

1. 实践调查法

在本书写作期间，笔者有针对性地深入乡村基层，通过实地走访、座谈和调查问卷等形式收集一手信息，结合实际找出乡村治理目前存在的突出问题，并形成调研报告，作为本书编写的重要参考。

2. 文献研究法

任何脱离现有文献基础的研究都是盲目的。对现有乡村治理现代化的研究现状进行认真梳理和总结，是做好研究的必要条件。笔者通过查阅相关书籍、参阅期刊和学术论文，将乡村治理现代化的前沿思想和理念进行归类整理，在写作过程中充分借鉴以往学者的优秀成果，力求引证准确，确保该书研究成果的科学性和连续性。

3. 跨学科研究法

乡村治理既可以从社会主义建设的角度来研究，也可以从社会发展、政治建设的角度来分析，因此它涉及不同的学科领域。本书采用跨学科的研究方式，综合科学社会主义理论、马克思主义哲学思想、社会学等多学科，做到宏观、中观和微观领域全覆盖，进而拓宽视角,提出科学可行的对策,使研究更加全面、更有说服力。

4. 比较研究法

将法律制度规定的乡村关系、乡镇政府职能等与现实相比较,找出法制规定和实际状况的差距;将中外乡村治理体系相比较,去其糟粕取其精华,为探索实现有中国特色的乡村治理现代化路径提供建议。

五、研究的难点、创新点和不足之处

(一)研究的难点

第一,本书的研究对象即乡村治理现代化是在 2018 年中央一号文件中首次提出。目前,在乡村治理体系和治理能力现代化方面的研究相对较少,缺乏权威的或达成普遍共识的概念,参照性较弱。第二,我国乡村的地域差异很大,尤其是中西部欠发达地区乡村和东南沿海发达地区乡村所处环境和发展阶段都不同,如何通过研究总结出具有相对普适性的乡村治理现代化路径也是一个难点。

(二)可能的创新点

一是选题具有时代针对性。本选题将新时代背景与实现乡村治理现代化结合起来,明确了乡村治理现代化的内涵和基本特征。二是总结了三个发达国家的乡村治理经验,它们都经历过从乡村相对落后到城乡融合发展的过程。虽然社会制度和所处发展阶段不同,但是,本研究就其具体的理念和运作方法进行了提炼,总结出一些值得借鉴的思路。三是以十九届四中全会精神和中央关于加强和改进乡村治理的意见等最新思想为引领，结合新时代乡村治理面临的问题和挑战，提出有针对性的解决思路。

（三）存在的不足之处

一是由于所选题目涉及较多的具体实践案例，因此学理性有所欠缺。二是由于作者水平有限，再加上相关资料比较零散，乡村治理现代化的论述缺乏有效的理论支撑，在某些梳理工作中显得不到位。三是对于乡村治理现代化的研究必须经过扎实的调研和实证研究，由于客观条件所限，调研的次数和深度对于研究成果也形成了一定的限制。

第一章　新时代乡村治理现代化的理论基础

进入新时代，推进乡村治理现代化是中国共产党在新的历史条件下实施全面深化改革、实现国家治理现代化的重要组成部分。乡村治理现代化离不开科学理论的指导，必须坚持以科学社会主义的基本原理为指导，以习近平新时代中国特色社会主义乡村治理思想引领新时代乡村治理实践，为新时代乡村治理现代化奠定坚实的理论基础。

第一节　马克思、恩格斯乡村相关理论阐释

马克思、恩格斯虽然少见专门论述乡村问题的著作，在当时也没有乡村治理这个术语概念，但是他们很多论述以及思想都直接或间接与当今时代的乡村治理概念相关。例如，关于农民的主体性问题、农民合作问题和城市、乡村发展问题，都是当今乡村治理过程中的基本问题。这些关于农村问题的学说对后来社会主义国家的现代化建设尤其是乡村建设具有深远影响，对乡村治理应该依靠谁、

如何发展农村经济和如何统筹城乡发展指明了理论方向。

一、农业基础地位论

农业基础地位论是马克思、恩格斯关于乡村问题的重要学说。马克思在批判地继承资产阶级古典政治经济学农业基础地位理论的基础上,提出农业尤其是农业生产是一切人类生存的第一个前提也是一切历史的第一个前提的思想,为马克思主义农业基础地位理论的创立奠定了基础。是否能够坚持农业基础地位,决定了乡村治理是否有良好的经济基础。

(一) 农业生产是一切社会存在和发展的基础

马克思强调:"农业劳动是其他一切劳动得以独立存在的自然基础和前提。"[1] 之所以说农业生产为一切社会活动提供了劳动力再生产的物质基础,首先是因为人们"第一个历史活动就是生产满足这些需要的资料,即生产物质生活本身"[2]。其次是只有农业生产力不断提高,才能减少农业劳动力,进而将劳动力充实到社会其他领域。农业对包括所有其他行业在内的整个社会起到支撑作用。这些理念和思想从历史唯物主义的角度出发,充分证明了没有农业的基础地位,乡村治理和乡村治理现代化就无从谈起。

(二) 农业现代化是农业生产发展的必然趋势

马克思、恩格斯从社会化生产的规律出发,认为"家庭经营是

---

[1] 《马克思恩格斯全集》第 33 卷,人民出版社,2004,第 27 页。
[2] 《马克思恩格斯选集》第 1 卷,人民出版社,2012,第 158 页。

落后的，要被社会化大生产所取代，不是被资本主义社会化大生产所取代，就是被社会主义社会化大生产所取代"❶。马克思、恩格斯认为农业生产现代化是历史的发展趋势，是不以人的主观意志为转移的。随着生产力的进步，生产关系会随之调整并需要更高水平的劳动生产率，而农民也只有适应生产方式的变化并发展农业现代化才能避免被淘汰，因为"让联合的劳动者来经营大规模的农业，只有在这种巨大规模下，才能应用一切现代工具、机器等等，从而使小农明显地看到通过联合进行大规模经营的优越性"❷。因此，马克思主义关于农业现代化发展的思想为农业生产发展道路指明了方向。

二、农民合作思想

关于农民问题的思想，不是马克思、恩格斯的主要研究领域，也不是他们理论体系的主要方面。但是，从他们的著作和论述中可以看到他们对于农民和农业问题，尤其是在农民合作方面有独特的思考，形成了农民合作思想。农民合作思想主要指农民要取得发展，不仅要与工人无产阶级合作，还需要加强农民自身合作推动集体经营，摒弃小农经济思维。农民合作思想是马克思主义的重要理论遗产，新时代乡村治理现代化离不开农民合作思想的指导。

（一）农民要与无产阶级合作形成同盟

马克思曾在欧洲一些国家进行考察，收集相关资料，分析和预测乡村农民进行农业生产的发展趋势。马克思所在的历史时期，资

---

❶《马克思恩格斯选集》第4卷，人民出版社，1995，第485页。
❷《马克思恩格斯选集》第3卷，人民出版社，1995，第220页。

本主义生产方式在社会上占据支配地位，私人占有生产资料的农民，最终的发展趋势只有两种：要么逐渐成为小资本家，去剥削别人的劳动，要么变成雇佣工人，丧失自己的生产资料。❶ 因此，随着现代化大农业的发展，小农经济面临严峻的挑战，乃至存在破产的风险。

马克思、恩格斯很早就明确指出，农民作为一支重要力量，在社会发展中发挥着独特的作用，并且在一定的历史条件下可以发展成为无产阶级的坚定同盟。因此，农民完全有能力成为历史进步的关键要素，只要尊重社会发展的客观规律，充分发挥农民的主观能动性，积极引导农民反对资产阶级压迫，激发农民的革命化思维，就有机会促成农民与无产阶级形成阶级同盟。马克思指出："城市工业无产阶级成了现代一切民主运动的核心；小资产者，尤其是农民，总是跟在他们后面。"❷ 马克思认识到了农民与无产阶级具有广泛的共同利益，应该将农民吸引到无产阶级的队伍中来。总之，马克思在阶级斗争过程中，日益发现农民是可以联合起来的力量，农民只有与工人无产阶级联合才能形成更加强大的力量，才能更好地推动自身的不断发展。

在这样的基本认识基础上，马克思、恩格斯将农民看作是需要无产阶级引导和领导的，农民最终会成为无产阶级同盟的推动力，是一种进步的力量。将这种指导思想放在今天的乡村治理实践中，就是不要将农民作为一个孤立的阶级群体，而是要促进工农结合，通过与工人阶级优势互补来促进乡村经济的发展。

---

❶《马克思恩格斯选集》第2卷，人民出版社，2012，第871页。
❷《马克思恩格斯全集》第4卷，人民出版社，1958，第301页。

（二）农民之间需要合作构建集体经济

马克思、恩格斯认为，小农经济私有制必然被农业经济集体所有制代替。小农经济私有制只能通过农业小生产方式进行，即农业领域中以农民家庭分散经营为主要经营形式的生产方式，其生产力水平不高，生产以及产品的专业化、商品化和社会化程度都很低。❶针对这种情况，只有通过集体经济才能够实现社会化生产，正如恩格斯指出的，"资本主义生产形式的发展，割断了农业小生产的命脉；这种小生产正在无法挽救地走向灭亡和衰落"❷。为了免于灭亡和衰落，就需要农民合作，实行农业经济集体所有制成了必然的选择。农业经济集体所有制首先是土地集体所有制。对于农民来说，土地是农民赖以生存的最主要的生产资料，没有了土地，农民就失去了一切。只有通过走集体经济的道路，才能摆脱小农经济私有制弊端的束缚，才能实现解放。

在此基础上，马克思、恩格斯将农业合作社作为社会主义农业的重要组织形式，这种形式有利于充分调动广大农民的积极性，同时也使国家能够对农业的生产和分配进行监督。马克思、恩格斯对实行农业合作社提出了两个重要原则，一个是要循序渐进，另一个是要坚持农民自愿。推行合作社的过程要一步一步来。恩格斯指出："我们的目的是要将农民真正地吸引到合作社中来。"❸如何对待农民，体现出了无产阶级和资产阶级的属性区别。无产阶级不会像大地主和大资本家那样对待农民，只会进行引导以及与农民协商。是

---

❶ 文东升："小农生产方式及相关概念辨义——马克思、恩格斯著作语境"，载《生产力研究》，2009年第13期，第16页。
❷ 《马克思恩格斯选集》第4卷，人民出版社，1995，第356页。
❸ 《马克思恩格斯选集》第4卷，人民出版社，1995，第369页。

否加入农业合作社，还要取决于农民自身的意愿。时至今日，乡村治理和乡村建设也离不开集体经济基础，这也是我们应该长期坚持的思想。

三、城乡融合思想

乡村发展不是孤立的，它是城市的母体，同时又深受城市发展的影响。马克思曾说："城乡关系一改变，整个社会也跟着改变。"❶ 恩格斯在《共产主义原理》一书中指出："公民公社将从事工业生产和农业生产，将把城市和农村生活方式的优点结合起来，避免二者的片面性和缺点。"❷ 马克思、恩格斯关于城乡关系，尤其是乡村融合思想的研究，具有很强的现实意义。

（一）城乡融合是共产主义社会的重要特征

恩格斯在《共产主义原理》一书中首次提出"城乡融合"这一概念，他是这样描述的："通过产业教育、变换工种、所有人共同享受大家创造出来的福利，通过城乡的融合，使社会全体成员才能得到全面的发展。"❸ 城乡融合这一概念与我们现在的城乡一体化有很多的相似之处。

在城市发展的起初阶段，城市与乡村是有对立性的，他们的经济基础和发展方式都不相同。但是，随着社会的全面发展，城乡必然由对立走向融合。恩格斯曾指出："城市和乡村的对立的消灭

---

❶《马克思恩格斯选集》第1卷，人民出版社，2012，第237页。
❷《马克思恩格斯选集》第1卷，人民出版社，2012，第237页。
❸《马克思恩格斯选集》第1卷，人民出版社，2012，第308页。

不仅是可能的，而且已经成为工业生产本身的直接需要。"❶ 除此以外，《共产主义原理》一书还提出共产主义社会的特点："城市和乡村之间的对立也将消失。从事农业和工业的将是同一些人，而不再是两个不同的阶级。"❷ 城乡融合思想是马克思主义关于城乡发展方面的宝贵精神财富，对后世社会建设实践始终发挥着指导作用。

（二）城乡融合有利于农业发展和现代化

城乡实现融合发展，不仅对城市发展有利，对乡村和农业的发展也有很大的带动作用。恩格斯曾在《德国农民战争》中谈道，"城市的繁荣也把农业从中世纪的简陋状态下解脱出来。不仅耕地面积扩大了，而且染料植物以及其他输入的植物品种也种植起来了"❸。在马克思、恩格斯所处的年代，农业现代化的含义主要是指农业的商品化和工业化过程，即农产品可以通过大机器生产，在商品市场进行大量的交换，进而进一步提高农业生产效率。也就是说，城乡的发展应该是高度互补的，这与我们现在经常提到的城市反哺农村有异曲同工之义，城乡融合有利于农业发展和现代化。

第二节　列宁乡村建设思想

俄国十月革命后，列宁领导的马克思主义政党建立了世界上第

---

❶ 《马克思恩格斯选集》第3卷，人民出版社，2012，第684页。
❷ 《马克思恩格斯选集》第1卷，人民出版社，2012，第308页。
❸ 《马克思恩格斯全集》第7卷，人民出版社，1959，第387页。

一个社会主义国家政权。在国内外错综复杂的形势和极其艰苦的环境条件下,列宁在建设社会主义国家的道路上对乡村问题进行了反复实践和曲折探索。

一方面,列宁认真研究了马克思、恩格斯在 19 世纪中后期关于西方主要资本主义国家的农村和农民问题的阐述,这为列宁的农村建设思想提供了理论源头;另一方面,列宁在领导俄共进行乡村建设的过程中,坚持一切从实际出发,积极探索符合其国情的社会主义道路,形成了列宁乡村建设的一系列思想。列宁的乡村建设思想,尤其是在农村基层党建、保障农民权益和农业现代化生产等方面的做法为我国新时代乡村治理现代化建设提供了宝贵的经验。

一、农村基层党建思想

列宁十分重视党的建设,提出了无产阶级执政党建设思想。其中,农村基层党建思想是列宁关于乡村建设的重要思想之一。列宁在农村社会主义建设的过程中,认真制定并落实农村党支部的设置,明确农村党支部的工作方法和加强党支部对农村工作的领导。

(一) 建立和发展农村党支部

在列宁领导的布尔什维克党掌握政权后,列宁就立刻着手研究在农村应该建立一个什么样的组织,依托什么样的载体来治理农村。经过对农村发展现状的考察,列宁认为无产阶级应该在农村基层建立和发展党支部,这样才能巩固党的执政地位,才能推进农村的社会主义建设。列宁在起草党纲时曾这样说道:"建立农村党支部,改选工人、农民和红军代表苏维埃以清除富农分子。"❶ 后来，列宁认识到党支部在农村建设中应该起核心作用，充分肯定在农村建立党支部的做法，称赞"共产党支部是极好的支部"❷。

（二）吸收劳动农民加入党组织

列宁将农民阶级作为俄共党员发展的重要来源，通过吸收劳动农民入党来更好地组织农民进行农业生产和从事社会主义农村建设，为农村生产发展发挥了重要作用。列宁对当时的农民进行了分类，包括依靠自己劳动生活的贫苦农民，发战争财的富农和投机农民。而列宁主张吸收的主要是劳动农民，他这样对劳动农民说："劳动农民同志们，加入党吧！我们不向你们许愿，说入党有什么好处，我们号召你们来进行困难的工作，进行建设国家的工作。如果你们真心拥护共产主义，你们就应该大胆地负起这种工作。"❸ 事实证明，通过吸收劳动农民入党，极大地增强了党组织的战斗力，促进了农业农村的发展。

（三）实行党管农村工作

坚持无产阶级政党对国家的领导，是列宁坚持的原则和方针，这有助于农村的领导权始终保持在布尔什维克党的手中，也能始终保持建设社会主义的发展方向。尤其是在农村建立党支部之后，如果不坚持党管农村工作的原则，农村工作就会是一盘散沙，农村党组织也会变得涣散而缺乏凝聚力和战斗力，从而动摇布尔什维克党

---

❶《列宁全集》第36卷，人民出版社，1985，第92页。
❷《列宁全集》第43卷，人民出版社，1987，第118页。
❸《列宁全集》第37卷，人民出版社，1986，第217页。

的执政地位。列宁曾指出,"只有共产党所领导的城市工业无产阶级,才能使农村劳动群众摆脱资本和大地主土地占有制的压迫,摆脱破产,摆脱在资本主义制度存在时必然会一再发生的帝国主义战争"。❶ 事实证明,坚持党管农村工作的原则,不仅使农民群众在社会主义建设中感受到了党的组织关怀和保护力量,也是促进农村经济发展、巩固基层政权的强大政治保障。

二、保障农民权益思想

列宁在保障农民权益上有许多开创性、前瞻性的政策和理念,不仅为当时农村生产生活发挥了决定性的指导作用,也为当今社会主义乡村治理留下了宝贵的财富。

(一)土地政策要符合农民利益

根据马克思、恩格斯创立的唯物史观,列宁始终坚持从实际出发,制定符合国情的土地政策原则。列宁指出:"土地问题,即如何安排绝大多数居民——农民的生活问题,是我们的根本问题。"❷ 例如,列宁领导的苏维埃政府在成立初期实行共耕制,他认为"只有共耕制才是一条真正可靠、真正能使农民群众更快地过上文明生活、真正能使他们同其他公民处在平等地位的出路"❸。后来由于共耕制没有与农民的切身利益直接相连,导致农民的劳动积极性弱化,这种农民集体劳动、平均分配的形式没有真正提高生产效率。列宁认

---

❶《列宁全集》第39卷,人民出版社,2017,第170页。
❷《列宁全集》第43卷,人民出版社,1987,第245页。
❸《列宁全集》第35卷,人民出版社,1985,第357页。

识到不能过分限制小农经济发展，于是及时调整土地政策，根据当时的国情和农民的需求，实行新经济政策，赋予农民对劳动成果自由支配的权利，这样的新土地政策极大地促进了小农经济的发展，也为社会主义国家经济发展做出了贡献。

（二）要保障农民行使民主监督权利

在开展社会主义农村建设、推动农村民主化的过程中，列宁尤其注重保障农民行使民主监督权利，加强对农村政权机关的民主监督，进而有效提升农村社会治理水平。列宁主张采取多种方式加强和保障农民的民主监督权利。首先，通过建立工农检察院，使农民深度参与进而加强农民对农村苏维埃机关的监督，正如他指出的："只有把劳动者联合起来才能克服这些毛病，劳动者不但应当欢迎工农检察院的法令，而且应当通过工农检察院来行使自己的权利。"❶ 其次，直接吸收农民群众参加苏维埃工作，使农民群众成为真正农村治理的主体，列宁曾提出农村苏维埃"应当保证劳动农民的代表在这些机关里占多数，并且要保证贫苦农民代表能起决定作用"❷。最后，通过制度手段保证农民合理诉求，他要求"每个苏维埃机关都要设登记簿，要有简要的记载，记下来访者的姓名、申诉要点、交谁办理"❸。保障农民行使民主监督权利，是列宁农村建设思想的重要组成部分。

三、农业现代化生产思想

列宁从理论和实践上都始终贯穿了农业现代化思想，他强调资

---

❶《列宁全集》第41卷，人民出版社，1986，第26页。
❷《列宁全集》第37卷，人民出版社，1986，第329页。
❸《列宁全集》第35卷，人民出版社，1985，第360页。

本主义向社会主义过渡时期需要保留商品生产和货币，鼓励商品生产，扩大商品流通，实现农业现代化生产。

（一）通过发展大工业促进农业现代化

列宁指出："无产阶级掌握了大工业，掌握了大工业产品，因此，不仅能充分满足农民的要求，并且供给他们生活资料，使他们的境况得到改善。"❶战争使列宁认识到了现代化技术所创造的巨大能量，因此列宁特别重视将新的科学技术尤其是大工业生产方式运用到农业生产上，重视新技术和新机械在农业生产中的应用，进而改造落后的旧的生产方式的农业生产。

（二）通过人的现代化促进农业现代化

列宁指出："不要害怕让共产党员去向资产阶级专家学习，其中也包括向商人，向办合作社的小资本家，向资本家'学习'。"❷列宁认为，要善于学习和利用资本主义创造的一切文明成果，用资本主义的智慧、技术和管理经验促进人的现代化，提高农业生产的现代化水平。一方面，他重视使用掌握农业科学技术的资产阶级专家，甚至大胆聘用外国的专家和管理人员到苏维埃俄国，将农业管理知识和科学技术放在至关重要的位置。另一方面，他为农民和农业工人创造向专家学习的机会，以及派遣大批农业工人赴国外学习考察，进而学习先进技术和经营管理办法，极大地提高了农业生产的现代化水平。

---

❶《列宁全集》第41卷，人民出版社，1986，第108页。
❷《列宁全集》第41卷，人民出版社，1986，第232页。

第三节 党的十八大前我党对乡村治理的认识

我党对乡村治理的认识是在乡村建设实践的基础上不断发展和深化的,在不同的历史时期都积累了很多宝贵的经验,形成了我党独特的、一脉相承的乡村治理思想,奠定了我国新时代乡村治理现代化的思想基础。

党的十八大前我党对乡村建设和治理的认识,对新时代乡村治理现代化的启示不容忽视。本节从以毛泽东为核心的第一代领导集体起至党的十八大召开为界,梳理我党不同时期对乡村治理的认识,进而把握对新时代乡村治理现代化的发展理念和脉络。

一、毛泽东乡村建设思想

毛泽东在领导中国革命和社会主义建设的不同阶段,都将乡村工作视为重中之重,提出了很多具有开创性的乡村建设发展思路,对于中国广大农民解放、巩固社会主义国家政权发挥了决定性作用。

(一) 以农民群众为主体,加强乡村民主政治

毛泽东继承和发扬了马克思列宁主义关于人民群众在历史发展中起决定性作用的思想,提出农村和社会发展离不开农民,要以农民为本,以农民为主体。在土地革命时期,为了切实维护农民尤其是贫苦农民的利益,发挥他们的积极性和主动性,毛泽东将农村的阶级分为地主、富农、中农和贫农,而评判的标准在于是否占有土

地、是否劳动和是否剥削他人。❶他通过农民运动和斗争进行土地革命，没收大地主的土地，分配给无地的农民群众，使农民群众翻身彻底成为乡村建设的主体，极大地调动了农民的积极性和创造性，使中国乡村有了新面貌。新中国成立后，毛泽东对农民主体地位的思想更加清晰，更加重视对农民的思想政治教育，进而进一步提升农民的主体地位，正如他在《关于正确处理人民内部矛盾的问题》一文中指出的："农民的情况如何，对于我国经济的发展和政权的巩固，关系极大。"❷可以说，毛泽东在农村建设中尤其突出了农民群众的主体地位。

与此同时，毛泽东重视加强乡村民主政治，让农民在政治上翻身，使乡村政权由选举产生。正如韩丁在《翻身——中国一个村庄的革命纪实》中指出的，对于中国几亿无地和少地的农民来说，这"意味着废除委派村吏，代之以选举产生的乡村政权机构。总之，它意味着进入一个新世界。"❸可见，毛泽东的乡村民主政治思想，重构了中国的农村社会结构，加强了党对乡村政治的领导，对促进农村现代化具有重大作用。

（二）发展集体经济，促进农业现代化

毛泽东认为，走社会主义道路，必须发展集体经济，才能实现乡村发展和农业现代化，进而实现人民共同富裕。在制度层面，通过农业社会主义改造实现农业集体化，确保农民利益不受损害。中国几千年来在封建统治下，都是以个体分散经济形式为主，针对这

---

❶《毛泽东选集》第1卷，人民出版社，1991，第127页。
❷《毛泽东选集》第5卷，人民出版社，1991，第379页。
❸ 韩丁：《翻身——中国一个村庄的革命纪实》，北京出版社，1980，第1页。

一问题，毛泽东指出："克服这一状况的唯一办法，就是逐渐集体化，而达到集体化的唯一道路，依据列宁所说，就是经过合作社。"❶

在发展生产方面，毛泽东强调要通过发展农业大机械、电气和工业，来推进农业现代化。他认为："我们党在农业问题上的根本路线是，第一步实现农业集体化，第二步是在农业集体化的基础上实现农业的机械化和电气化。"❷ 因此，发展集体经济，推进农业现代化，是实现农民共同富裕的必然选择。

二、邓小平乡村建设思想

邓小平作为中国改革开放的总设计师，十分关心乡村发展和农民生活，他对中国乡村改革倾注了大量心血。他推动了乡村经营体制改革，推行科技兴农战略，使中国乡村发展焕发了新气象。

（一）乡村经营体制改革思想

解放思想、实事求是，是邓小平理论的精髓。在人民公社体制不再符合乡村发展需要、甚至阻碍乡村发展活力的情况下，邓小平摆脱旧思想的束缚，及时提出乡村经营体制改革思想，废除公社制度，肯定以家庭承包制为基础的双层经营体制，发展乡镇企业，进而解放农村的生产力，使农民获得生产的支配权。邓小平指出："生产关系究竟以什么形式为最好，恐怕要采取这样一种态度，就是哪种形式在哪个地方能够比较容易比较快地恢复和发展农业生产，就

---

❶《毛泽东选集》第3卷，人民出版社，1991，第931页。
❷《建国以来重要文献选编》（第十五册），中央文献出版社，1997，第602页。

采取哪种形式。"[1] 邓小平的这一乡村改革思想，是马克思主义合作化理论在中国实践的创新和发展，是生产关系适应生产力的具体体现。邓小平乡村经营体制改革思想为我国农业的长期稳定发展奠定了基础。

（二）科技兴农思想

邓小平高度重视科学技术对生产力的促进作用，强调科学技术是第一生产力，乡村的发展离不开科技兴农。邓小平曾说："马克思讲过科学技术是生产力，这是非常正确的，现在看来，这样说可能不够，恐怕是第一生产力。"[2] 发展科技本身就是迈向现代化的主要途径，只有通过科技兴农，才能从根本上发展和解放乡村生产力，才能从根本上变革乡村旧的生产关系。有了更加坚实的经济基础，才能创新和发展乡村的上层建筑层面的乡村治理制度、法律体系、文化需求等方面。因此，科技兴农的思想，不仅仅是应用于农业本身，在当前乡村振兴的大背景下，科技兴农的内涵已经延伸到了通过先进科技和科学理念进行乡村治理，进而更好地发展乡村经济。

三、江泽民乡村建设思想

以江泽民为代表的中国共产党人在继承毛泽东和邓小平乡村建设思想的基础上，坚持以"三个代表"重要思想为指导统领各项工作，进一步深化农村各项改革，提出了我国农村建设的一些新思想和论断。

---

[1]《邓小平文选》第1卷，人民出版社，1994，第323页。
[2]《邓小平文选》第3卷，人民出版社，1993，第275页。

（一）以社会主义市场经济方向推进农村改革的思想

坚持乡村的市场化方向，以社会主义市场经济方向推进农村改革的思想是江泽民对乡村建设的重要贡献。一方面，他指出，要"进一步完善农村所有制结构"❶，不仅坚持了社会主义公有制，并且调动了农民的积极性和创造性，在这一思想指导下，农村个体私营经济和股份制经营迈出了重要步伐。另一方面，坚持宏观调控和市场调节相结合、以市场调节为主的农产品流通机制。他强调："深化农产品流通体制改革，逐步形成国家宏观调控下主要由市场形成价格的新机制，建立统一、开放、竞争、有序的农产品市场体系。"❷这样，我国逐渐打通了农产品流通的各个环节，释放了农业发展潜力，对农民增收和农业发展起到了极大的促进作用。

（二）加强乡村精神文明建设的思想

江泽民同志提出，必须"加强农村的社会主义精神文明建设和民主法制建设，搞好农村社会治安综合治理。这是农村现代化建设和社会进步的重要内容，也是促进农业经济发展的重要保证"❸。显而易见，对于乡村治理而言，物质基础固然非常重要，但是乡村精神文明建设作为中国特色社会主义文化的重要组成部分也必须只能加强，不能削弱，要做到坚持两手抓、两手都要硬。因为乡村如果不加强精神文明建设，先进文化不去占领文化阵地，那么就会被错误的思想和不良的社会风气所挤占，也就无法实现乡村善治。

---

❶《江泽民文选》第2卷，人民出版社，2006，第214页。
❷《江泽民文选》第2卷，人民出版社，2006，第214页。
❸《十四大以来重要文献选编》（上册），人民出版社，1996，第431页。

四、胡锦涛乡村建设思想

以胡锦涛同志为总书记的党中央坚持以科学发展观为指导，提出社会主义新农村建设思想，将和谐社会理念贯穿于乡村建设和治理过程中，通过推动统筹城乡发展，为乡村治理现代化作出了重要贡献。

（一）推进社会主义新农村建设、构建和谐乡村思想

鉴于改革开放以来，农业、农村和农民问题积累了不少矛盾和难题，出现了很多制约农村经济和社会发展的体制机制障碍。关于这些难题，胡锦涛同志指出："经济增长的资源环境代价过大；城乡、区域、经济社会发展仍然不平衡；农业稳定发展和农民持续增收难度加大。"❶以胡锦涛同志为总书记的党中央提出建设社会主义新农村、构建和谐乡村的思想，强调处理好乡村治理中的主要问题，处理好乡村人口、环境和资源的关系，促进乡村全面协调可持续发展。

（二）统筹城乡发展思想

针对乡村建设长期滞后于城市建设、农业发展长期滞后于工业发展这一发展现实，胡锦涛同志提出了统筹城乡发展的思想，坚持工业反哺农业、城市反哺农村的方针。这是我们党在对工农关系和城乡关系的思想理念以及政策实施方面的认识的一次升华。针对城乡长期分割的二元经济结构，胡锦涛同志提出推进城乡一体化发展，

---

❶ 胡锦涛："高举中国特色社会主义伟大旗帜 为夺取全面建设小康社会新胜利而奋斗——在中国共产党第十七次全国代表大会上的报告"，载《人民日报》，2007年10月25日。

统筹城乡发展思路、规划建设、配套改革和产业结构调整,全方位促进乡村的发展。统筹城乡发展思想是科学发展观的重要内容之一,为日后城乡协调治理做了思想准备。

第四节 习近平新时代乡村治理思想

党的十八大以来,以习近平同志为核心的党中央高度重视乡村治理,对乡村治理做出了一系列重大判断,提出了一系列重大战略,做出了一系列重大部署。习近平新时代中国特色社会主义思想科学地总结和继承了马克思列宁主义、毛泽东思想、邓小平理论、"三个代表"重要思想和科学发展观中关于乡村建设和治理的思想理念,立足现实国情和乡村发展实际,准确把握乡村社会变化特征,从如何进一步提升乡村治理体系和治理能力这一主题出发进行了深刻阐释,形成了新时代乡村治理思想。

一、党对乡村治理的集中统一领导思想

习近平同志在党的十九大报告中指出:"党政军民学,东西南北中,党是领导一切的。"[1] 坚持党对乡村治理的集中统一领导思想,是对列宁同志关于党管农村工作思想的坚持和发展。

乡村工作是国家和社会中地位最基础、最基层的工作,在乡村治理过程中坚持和加强党的集中统一领导意义尤其重大。只有切实

---

[1] 习近平:《决胜全面建成小康社会 夺取新时代中国特色社会主义伟大胜利——在中国共产党第十九次全国代表大会上的报告》,人民出版社,2017,第18页。

提高新时代党全面领导农村工作的能力和水平，才能确保党的基本路线在乡村治理实践过程中顺利实施，确保党的各项政策不走样、不跑偏。

一方面，坚持党对农村工作的全面领导是党的农村工作的首要原则。中共中央2019年印发的《中国共产党农村工作条例》，在党的农村工作必须遵循的原则中明确提出，要"坚持党对农村工作的全面领导，确保党在农村工作中总揽全局、协调各方，保证农村改革发展沿着正确的方向前进"❶。没有党对农村工作的全面领导，乡村治理的各项政策就无法深入落实到广大乡村的发展实践中去。

另一方面，夯实基层党组织在乡村治理中的领导核心作用是健全乡村治理领导体制机制的现实需要。中共中央在2019年印发的《关于加强和改进乡村治理的指导意见》中指出："建立以基层党组织为领导、村民自治组织和村务监督组织为基础、集体经济组织和农民合作组织为纽带、其他经济社会组织为补充的村级组织体系。村党组织全面领导村民委员会及村务监督委员会、村集体经济组织、农民合作组织和其他经济社会组织。"❷ 实践证明，只有充分发挥农村基层党组织在培育人才、乡风塑造、生态维护等方面的主力军作用，才能确保乡村振兴战略稳步推进，确保乡村治理现代化水平不断提升，乡村社会才能充满活力、和谐有序、健康发展。

---

❶ 《中国共产党农村工作条例　中国共产党农村基层组织工作条例　关于加强和改进乡村治理的指导意见》，法律出版社，2019，第3页。

❷ 《中国共产党农村工作条例　中国共产党农村基层组织工作条例　关于加强和改进乡村治理的指导意见》，法律出版社，2019，第47页。

二、自治、法治、德治相结合的"三治融合"思想

习近平同志在党的十九大报告中,首次针对乡村治理提出"加强农村基层基础工作,健全自治、法治、德治相结合的乡村治理体系"❶。健全自治、法治、德治"三治融合"思想,是我党关于人民当家作主、依法治国和以德治国等理念在乡村得以贯彻和实践的重大举措,维护了乡村基层村民自我管理的民主权利,推进了乡村依法治村的进程,促进了社会主义核心价值观在乡村的入脑入心,这是新时代实现乡村振兴战略的必然要求,有助于确保乡村社会充满活力、和谐有序。

深入学习和理解习近平同志关于乡村"三治融合"的思想,对于实现乡村善治和推动乡村治理现代化具有深刻的现实意义。乡村"三治融合"思想是一个互相支撑的整体。在乡村治理中实行村民自治,是我国民主政治在乡村治理领域的制度安排,是整个乡村治理体系的核心。没有自治,法治和德治就无从谈起。法治是健全乡村治理体系的应有之义。乡村治理中的村民自治,应该成为法治基础上的自治。自治需要法治来提供保障,法治应成为自治的坚强后盾。只有法治到位,才能保障乡村社会的稳定,才能保障乡村治理主体充分发挥作用。德治是健全乡村治理体系的精神动力和智力支持,通过将德治融入自治和法治之中,可以树立道德规范和模范的作用,强化乡村社会底线,使自治更加顺畅,使法治更加有针对性,最终达到乡村治理成果事半功倍的效果。

---

❶ 习近平:《决胜全面建成小康社会 夺取新时代中国特色社会主义伟大胜利——在中国共产党第十九次全国代表大会上的报告》,人民出版社,2017,第32页。

三、共建、共治、共享的乡村社会治理思想

习近平同志在党的十九大报告中提出要"打造共建、共治、共享的社会治理格局"❶。从党的十七大和党的十八大报告中表述为"实现发展成果由人民共享",到十八届五中全会调整为"构建全民共建共享的社会治理格局",再到党的十九大报告提出"打造共建共治共享的社会治理格局",这其中不仅体现了党和国家领导者关于社会治理理念的与时俱进,也体现了新时代广大人民群众对社会治理的新需求和新要求,是从根本上为乡村治理和乡村可持续发展指出的新型道路。

坚持以人民为中心,是打造新时代共建、共治、共享的乡村社会治理格局的价值取向。打造新时代共建、共治、共享的社会治理格局,必须坚持人民主体地位,坚持共建是基础,共治是关键,共享是根本。加强和创新乡村社会治理,要以共建共治共享为基本原则,从保障和改善民生做起,在体制机制、法律政策上做系统谋划,做出更有效的制度安排,将乡村治理的重心下移,将更多的政策、资源和人才向基层倾斜,使共建和共治充满活力。

扎实推进精准扶贫是实现乡村治理共建、共治、共享的有力支撑。习近平同志多次指出:"小康不小康,关键看老乡。"❷ 推行精准扶贫政策也体现了我党对乡村治理成果共享的高度重视,即始终坚持社会治理的成效由人民的实践来检验,以人民同意不同意、人

---

❶ 习近平:《决胜全面建成小康社会 夺取新时代中国特色社会主义伟大胜利——在中国共产党第十九次全国代表大会上的报告》,人民出版社,2017,第49页。
❷《习近平总书记系列重要讲话读本》,学习出版社、人民出版社,2014,第68页。

民高兴不高兴、人民满意不满意，作为一切工作的出发点和落脚点。

四、乡村治理体系和治理能力现代化思想

习近平同志在党的十九大报告中指出："要坚持农业农村优先发展，按照产业兴旺、生态宜居、乡风文明、治理有效、生活富裕的总要求，建立健全城乡融合发展体制机制和政策体系，加快推进农业农村现代化。"❶ 这对乡村治理提出了新要求。2018年中央一号文件首次明确提出要加快推进乡村治理体系和治理能力现代化❷，为新时代如何进行乡村治理指明了方向。

乡村治理是国家治理的有机组成部分，乡村治理现代化关系到国家治理现代化目标的实现。乡村治理现代化思想，是以习近平同志为核心的党中央站在国家治理现代化的高度来推进乡村振兴的重要思想，是今后指导我国乡村治理工作需要长期坚持的指导思想。要将治理体系和治理能力作为双引擎进行发力：一方面在实践和困难中不断完善治理体系；另一方面提升发挥体系作用的能力和增强治理本领的能力。加强和改进乡村治理，不仅要调动人民群众的巨大潜能，强化乡村自我管理、自我服务和自我监督的能力，还要在组织、人才、资源和服务等方面加大支持力度，从而协同推进乡村治理现代化进程。

---

❶ 习近平：《决胜全面建成小康社会 夺取新时代中国特色社会主义伟大胜利——在中国共产党第十九次全国代表大会上的报告》，人民出版社，2017，第32页。
❷ 《中共中央国务院关于实施乡村振兴战略的意见》，人民出版社，2018，第2页。

第二章　我国乡村治理的实践与经验

在中国共产党的领导下，我国的乡村治理实践经历了曲折发展、改革稳定和创新推进等不同阶段，取得了显著成绩，也积累了宝贵的治理经验。习近平同志曾指出："我们回顾历史，不是为了从成功中寻求慰藉，更不是为了躺在功劳簿上、为回避今天面临的困难和问题寻找借口，而是为了总结历史经验、把握历史规律，增强开拓前进的勇气和力量。"❶ 对我国的乡村治理实践做一次简要的回顾与梳理，有助于更加客观地认识我国乡村治理走过的艰辛历程，进而找准当前乡村治理的历史定位。

党的十八大以来，乡村治理实践在习近平新时代中国特色社会主义思想的指导下不断创新和变革，新的乡村治理模式在实践中应运而生，给新时代乡村治理现代化带来了很多启示。

第一节　新中国成立以来我国乡村治理的历史进程

新中国成立后，乡村建设在全国范围内开启了新的探索，奠定

---

❶ 习近平："在庆祝中国共产党成立95周年大会上的讲话"，载《人民日报》，2016年7月1日。

了社会主义现代化建设的农业基础;改革开放以后,面对世情、国情和党情的深刻变化,我国对乡村治理模式进行了改革,"乡政村治"使中国乡村保持了数十年的平稳发展;进入新时代,通过变革创新产权制度和治理结构,乡村治理呈现出新面貌。

一、曲折发展阶段(1949—1978 年)

新中国成立后至改革开放之间,我国为快速恢复农村经济发展,为农业现代化开辟道路进行了艰辛而曲折的探索。在这一阶段,我国在广大乡村地区实施了包括土地改革在内的一系列政策,规范了乡村基层组织建设,对农业进行了社会主义改造,使乡村治理逐步实现制度化。

(一)新中国成立初期的"乡政权"模式

新中国成立后,为巩固以工农联盟为基础的人民民主专政,《中华人民共和国土地改革法》于 1950 年颁布,目的是废除地主阶级的土地剥削所有制,实行农民土地所有制,进而解放农村生产力和发展农业生产。

中国乡村基层政权的建设与土地革命同步进行。1950 年年底我国颁布的《乡(行政村)人民政府组织通则》规定:"乡人民行使政权的机关为乡人民代表大会和乡人民政府。在乡人民代表大会闭会期间,乡人民政府即为乡的行使政权的机关。"❶乡人大代表由乡村人民代表组成,通过直接选举方式产生;乡政府由正、副乡长

---

❶ "乡(行政村)人民政府组织通则",载《江西政报》1951 年第 1 期,第 91 页。

和多名委员组成,通过定期召开乡政府委员会领导乡村工作。1954年,《中华人民共和国宪法》和《中华人民共和国地方各级人民代表大会和地方各级人民委员会组织法》颁布,从法律体系上进一步确认了我国农村基层行政区划,分为乡、民族乡和镇,乡镇被正式赋予了农村基层政权的合法地位,为后来我国乡村政权制度体系奠定了基础。

通过改革农村的土地关系,进而对乡村社会权力结构进行调整和重组,乡村基层党组织渗透到了新中国的各个角落,加强了党对乡村的治理,结束了中国传统上的"王权止于县政"的历史。因此,在土地改革结束后,全国普遍建立起经过普选产生的乡镇政权,直接参与乡村管理。

在乡镇政权的治理模式下,1951年12月,《中共中央关于农业生产互助合作的决议(草案)》中提出了发展互助合作运动的方针,得到了广大农民的积极响应,中国乡村步入了互助组和初级社阶段。因为互助组和初级社的基本特点是在不改变农民土地私有权的基础上,把分散的农户联系起来,解决农户在各自分散的生产活动中遇到的困难,以促进农业生产发展,所以这种互助合作运动的发展是健康的,农民是欢迎的。需要指出的是,这种互助组和初级社虽然是高级社、人民公社的雏形,但与高级社、人民公社具有本质的区别,因为它们并没有改变农民对土地的私有权性质,此时的乡村治理仍然是具有土地所有权的农民在乡镇政权框架下对乡村的治理。

(二)人民公社制度下的乡村管理:政社合一

随着土地革命的结束和农村互助合作运动发展的炙热化,地方上个别简单粗放的形式主义融入进来,互助组和初级社演变为高级社，性质开始发生变化。1956年6月30日，由第一届全国人大第三次会议通过的《高级农业生产合作社示范章程》明确，农业生产合作社按照社会主义的原则，把社员私有的主要生产资料转为合作社集体所有，统一组织劳动生产。这成为后期实行农村人民公社化治理的重要转折点。

1958年，中央通过决议，高级农业生产合作社被改组为"人民公社"，主要特点为"一大二公、政社合一"。人民公社自此在全国普遍建设开来，并且成为乡村治理的核心主体。1962年9月，中央颁布《农村人民公社工作条例修正草案》，明确了人民公社在乡村治理中的地位和作用，即农村人民公社是政社合一的组织，是我国社会主义社会在农村中的基层单位，又是我国社会主义政权在农村中的基层单位。人民公社在当时的具体管理层级既有两级的，即公社和生产大队，也有以三级的形式存在的，即公社、生产大队和生产队。人民公社彻底取代了之前的乡镇政权治理模式，除了发挥农村基层政权的作用外，还演变为集农、林、水、牧为一体，协调农业和工业发展的社会组织。通过人民公社的乡村治理模式，农民的生产生活被集体方式所取代，这加速了农业的社会主义改造，使中国乡村治理发生巨大变革。

人民公社将农民纳入国家政权的管理体系之中，计划性地分配农民的生产生活，将国家权力扩展到每个家庭和个人，客观上保证了农村政权稳定和乡村社会经济发展。但是，随着人民公社化的开展，它的弊端也日益显现，主要表现为农民的积极性逐渐丧失、乡村民主政治遭到破坏、城乡二元结构逐渐分化等，这些结构性矛盾与我国社会主义现代化建设的目标是相悖的。

总体来看，人民公社是我国乡村治理实践的一次重要探索，但是由于忽视了客观的经济发展规律,最终成为我国探索建设社会主义道路中的一次严重失误。它所积累的矛盾最终引发了以家庭承包制为主要内容的农村改革,最终导致了人民公社的解体和"乡政村治"的形成。

二、改革稳定阶段(1978—2012 年)

1978 年党的十一届三中全会作出了把工作重点转移到社会主义现代化建设上来和实行改革开放的重大决策。我国由此进入了改革开放和社会主义现代化建设的新时期。改革开放以来,我国不断深化乡村治理体制机制改革,乡村治理结构发生重大变革,乡村治理取得了显著成效。

(一)治理改革的开启:"乡政村治"的形成和发展

1. 人民公社的解体和"乡政村治"的形成

谈到人民公社的解体,其具有历史推动性的事件就是 1978 年年底安徽小岗村农民的创造性改革实践。通过将集体耕地承包到户进行包干的举措,给亟须改革的乡村人民公社化经济体制提供了启发。此后,我国开始对土地承包和经营方式进行改革,于 1979 年开始实行以家庭为单位的家庭联产承包责任制,进一步释放了土地利用的潜力。1982 年颁布的中央 1 号文件《全国农村工作会议纪要》将这种责任制通过国家文件的形式固定下来,提出包产和包干到户都属于集体经济,是符合乡村实际的生产责任制。此后,我国政府在探索中不断完善家庭联产承包责任制,给予村民前所未有的自由劳动权,很多乡村地区生产力得以迅速提高。这体现了我国充分解放思想的历史责任感,也是我国乡村治理实践的重大转折点。自此,中国的乡村治理开启了崭新的篇章,中国的乡村恢复了生机。

在家庭联产承包责任制开始推行后,人民公社的农村基层管理体制已明显不能适应乡村发展需要和新形势的变化,一部分社队基层组织开始涣散甚至瘫痪,乡村出现了一些不良现象。在此背景下,广西首先探索了以民主选举和民主管理为核心内容的村民自治模式,随后向全国推开,并于1982年在《中华人民共和国宪法》中得以确认其在基层治理中的地位。1983年,中共中央颁布《当前农村经济政策的若干问题》,在全国范围内取消之前的人民公社体制,即"实行生产责任制,特别是联产承包制;实行政社分设"❶。乡政是指国家的乡镇政权,是国家最基层的一级政府;村治就是乡村实行村民自治,在国家法律框架范围内,充分发挥民主,对农村公共事务和公益事业进行管理,协助乡镇政府完成好国家各项任务。"乡政村治"的乡村治理模式就此形成。

2."乡政村治"的完善和发展

1987年11月24日第六届全国人民代表大会常务委员会第二十三次会议通过的《中华人民共和国村民委员会组织法(试行)》,对乡村自治的形式、功能和地位进行了规定,从法律角度赋予了乡村村民委员会的自治组织地位,村委会开始在乡村公共事务建设、社会治安和协调群众利益纠纷等方面发挥主要作用。与此同时,在村民自治的基础上,由乡镇政府给予指导、支持和帮助,明确了乡镇政府与村委会之间的指导与协助的关系。接下来,随着农村改革的不断深入,1998年九届人大五次会议通过的《中华人民共和国村民

---

❶ 中共中央文献研究室:《十一届三中全会以来重要文献选读》(下),人民出版社,1987,第622页。

委员会组织法》，结束了关于村委会的试行法案，乡村治理的法律地位正式确立。

虽然"乡政村治"的格局已经形成，不过伴随着时代的进步和乡村的发展，新挑战、新问题开始显现，从而产生了新的矛盾与摩擦，"乡政"和"村治"各自需要不断地改良升级，彼此也需要不断地磨合适应。比如，有的村民自治过于自由化以至于抵制乡政，特别是近年来关于村子拆迁引发的村民与政府的冲突屡见不鲜，有些不法之徒打着"自治"的旗号严重挑衅法律的尊严和政府的权威。而有的村民自治则完全形式化，从而成为乡镇政府的附庸机构，不能有效行使对乡镇政府的监督，也不能有效保障村民的合法利益。这就要求"乡政村治"模式必须是发展的、进步的，能够适应变化和解决问题的，这就需要我党和广大乡村人民继续不断地探索。

（二）治理改革的稳定：新农村建设的开展与成就

1. 新农村建设的开展

改革开放促进了我国各个产业的大发展，但这种大发展不是同步的、齐头并进的，而是有快有慢。由于我国乡村地域广大、人才匮乏，有的村民思想观念转变较慢，加之各地区间情况复杂、差异较大，所以在改革开放的浪潮中，有的地区慢慢掉队了。特别是中国加入世界贸易组织以来，农业、农村和农民面临着更大的来自国际方面的压力和竞争，"三农问题"越发凸显了出来，引起了越来越多学者的重视，他们不断思考，建言献策，纷纷提出关于减轻农民负担的意见和方案建议，希望通过改革当时的农业税制度来促进农业发展。

党和国家从保护农民利益和促进乡村可持续发展的角度出发，于2005年党的十六届五中全会提出建设社会主义新农村是我国现代化进程中的重大历史任务，要加强政策投入力度，使农村呈现新面貌。新农村建设以"生产发展、生活宽裕、乡风文明、村容整洁、管理民主"为目标，提出了包括增加农民收入、统筹城乡发展和推进现代农业等在内的目标。2006年，我国开始免征农业税，结束了几千年农业税的历史，为农民开启了一个新的时代。免征农业税，极大地减轻了农民经济负担和村干部的工作负担，缓解了干群冲突，促进了乡村社会和谐发展。

2. 新农村建设的成就

新农村建设的成就是显著的，可谓有目共睹。首先，粮食稳定增产，农民的收入有了较大提高，农村日渐富裕。其次，农村道路、住房、能源、水利、通信等基础设施日益完善，极大地方便了农民的生活，村容村貌焕然一新。再次，农村的义务教育和职业教育、医疗卫生体系和社会保障体系慢慢得到完善，基本实现了农村民众幼有所教、老有所养、病有所医的愿望。最后，农村的文化建设、政治建设和精神文明建设也得到了一定的发展，新文化、新观念、新思想成为新农村的深层底蕴。

新农村建设之所以能够如此成功，主要得益于三个原因。一是党和国家关于新农村建设的指导规划更科学化。我党吸取以往农村治理实践的经验教训，特别是从人民公社化时期一刀切、整齐划一的"管理"中解放出来，这次新农村建设是建立在科学发展观的基础上的，讲究的是"因地制宜""量力而行"和"突出特色"，讲究的是立足实际、尊重和保护好山区少数民族的民族文化和风俗习惯，讲究的是循序渐进和可持续发展。二是对新农村建设的支持渠道更现代化。有政策方面的指导示范，有财政资金的大力支持，并把现代金融体系和农村发展结合起来，新农村建设获得了多样的融资渠道。国家鼓励商业银行、农村信用社等金融机构在继续做好农户小额信用贷款、农户联保贷款的同时，将资金向专业型、产业型和现代型农产品和农业市场倾斜，加大金融支持。同时，国家准许乡镇政府利用土地规划和土地储备进行市场化融资。三是新农村建设的发展手段更加多样化。这体现在因地制宜、利用地区优势和乡村特色以求突破的实践中。有的乡村利用矿产资源优势快速盘活经济；有的乡村环境优美则大力发展旅游业；有的利用沿海或交通优势发展做零件加工和小商品制造……广大乡村地区的发展潜力得到一定程度的释放。

三、创新推进阶段（2012年至今）

党的十八大以来，在习近平新时代中国特色社会主义思想指导下，我国乡村治理不断变革与创新，乡村党的建设全面加强，农业供给侧改革正在破题，乡村土地产权制度实现重大突破，乡村治理能力现代化水平显著提升，乡村治理实践取得了新的巨大成绩。

（一）全面加强基层党的建设成为乡村治理的总抓手

党的十八大以来，随着全面从严治党向纵深发展、"两学一做"学习教育和"不忘初心、牢记使命"等主题教育实践活动常态化、制度化的深入推进，我国乡村以全方位加强乡村党建为抓手，创新和完善乡村基层党建工作。全面加强乡村党的基层组织建设，更加理直气壮地发挥好党的引领作用，是新时代全面加强乡村治理工作的最突出特征,也是我国乡村治理独有的制度优势。2018年,中共中央印发了《中国共产党农村基层组织工作条例》,其中专门强调了在乡村治理过程中发挥党的领导作用。具体而言,进一步细化了乡镇党委和村支部的权限,尤其是强调了要推行村党组织书记依法担任村委会主任,进一步强化乡村党的建设。同时,近年来我党从有基层生活和工作经验的干部中,挑选党性强、口碑好、具有能力的人赴广大乡村担任驻村第一书记,更好地发挥干部的带动作用,有效提升了党在乡村的基层工作水平。

乡村治理过程中深入推进党风廉政建设和反腐败斗争。在党的十八大至十九大的五年里,全国范围内查处基层党员干部27.8万人❶,其中党支部书记、村支委会主任占据很大比例,这一数据体现出我们党坚决整顿软弱涣散基层党组织和乡村腐败干部的决心。乡村干部的作为,直接关系着乡村广大群众的切实利益,他们的一举一动都代表着党和国家的基层干部形象。通过加强对权力运行的制约和监督,让权力在阳光下运行。坚持靶向治疗、精准惩治,开展问题线索大起底,严查扶贫领域涉黑涉恶等群众身边的腐败问题,切实做到了减存量、遏增量,反腐败斗争压倒性态势已经形成并得到巩固发展,为乡村治理提供了良好的社会环境和群众基础。

(二)土地产权制度改革推动乡村治理持续创新

1. 土地制度改革推动乡村治理主体多元化和协同化

土地是乡村最重要的资源,是乡村村民的核心利益所在。如何

---

❶ 《奋力夺取反腐败斗争压倒性胜利——纪检监察干部学习领会十九大精神》,中国纪检监察报(2017年10月27日,引自中国共产党新闻网:http://cpc.people.com.cn/n1/2017/1027/c415067-29612394.html,访问日期2020年3月20日)。

充分挖掘土地资源的生产潜力和使用效率，始终是我们党高度关注的重要议题。我国自20世纪70年代末以来实行的家庭联产承包责任制长期以来顺应了乡村实际，为乡村持续稳定发展作出了巨大贡献。但是，随着信息化、城镇化和农业农村现代化建设的不断深入，土地制度也开始暴露了一些亟须解决的问题和需要完善的地方，尤其由于近年来乡村空心化导致的土地闲置问题越来越突出，这不利于村民增收增产，不利于巩固乡村的农业基础地位。

在这种背景下，随着新型农业经营主体的不断涌现，土地流转和规模经营越来越成为乡村土地制度面临的不可回避的问题。以习近平同志为核心的党中央在总结各地改革实践经验的基础上提出了土地"三权分置"思想。2016年10月，中共中央办公厅、国务院办公厅印发了《关于完善农村土地所有权承包权经营权分置办法的意见》，正式确立了土地所有权归集体、土地承包权在村民、土地经营权可流转的格局。这是我国土地制度的一次重大创新和变革，标志着乡村进一步市场化，乡村发展的想象空间更大。此项土地改革提高了土地利用率，将土地经营权分离开来，可以吸引更多的社会资本，引入专业的农业生产机构和民营企业对土地进行经营，进而创新了乡村治理的模式，促进了乡村治理的多元化和协同化。与此同时，如何推动包括社会组织和民营企业等新兴乡村治理主体协同合作，成为乡村治理面临的新课题。

2. 乡村产权制度改革保障了村民的核心利益

党的十八大以来，全国农村集体经济组织账面资产总额保持了快速稳定发展。面对数量庞大的乡村集体资产，产权的价值更加深入人心，产权制度改革的步伐明显加快。从乡村治理的角度来看，这是乡村治理主体和治理客体的关系，是乡村治理的主要内容之一。

然而，乡村集体产权长期面临一些问题，集体财产的归属不清晰、责任不明确、缺乏严格的保护等，不仅没有使集体财产得到物尽其用，甚至还出现了集体资产流失的现象，状况令人担忧。

2016年12月，《中共中央国务院关于稳步推进农村集体产权制度改革的意见》（以下简称《意见》）❶对农村集体产权的规定进行了细化，赋予村民更多的权益，包括对集体资产的使用、收益、担保和继承等。自此，国家各地方积极贯彻落实《意见》的规定和要求，规范农村集体资产的管理，提高村民对于集体经济中的主人翁意识，在乡村治理中的主体地位更加凸显。这充分地体现了以人民为中心的理念和新发展理念，切实保障了农民的合法权益。

（三）以精准扶贫为抓手推进乡村治理结构优化升级

1. 治理主体之间的互动关系进一步增强

党的十八大以来，以习近平同志为核心的党中央着眼于全面建成小康社会，大力实施精准扶贫，推动贫困地区和贫困群众加快脱贫致富奔小康的步伐。习近平同志多次指出："小康不小康，关键看老乡，关键在贫困的老乡能不能脱贫"❷。实施精准扶贫对乡村干群关系提出了新的要求，乡村干部的职责进一步明确，乡村治理各主体广泛参与，乡党委政府、村委和村民在扶贫领域进行频繁互动和交流联系。精准扶贫实行严格的一把手负责制，自上而下形成了省、市、县、乡、村五级的落实责任制的治理格局。由于时间紧任务重，

---

❶《中共中央国务院关于稳步推进农村集体产权制度改革的意见》，2016年12月29日，转自新华网：http://www.xinhuanet.com/politics/2016-12/29/c_1120216470.htm（访问日期2020年1月7日）。

❷ 中共中央宣传部：《习近平总书记系列重要讲话读本》，学习出版社、人民出版社，2014，第68页。

为如期实现脱贫攻坚的目标,乡镇政府和村委班子以及村民之间进行了频繁和密切的沟通。精准扶贫政策使包括乡政府、村两委和村民等在内的主体互相配合,激发了乡村社会治理的活力。

从2015年至2019年年末,我国农村贫困人口减少了5000余万人,贫困率由2015年的5.7%下降到2019年年末的0.6%(见图1),这离不开党领导下的乡村治理体系和扶贫机制作用的发挥,也离不开治理主体在扶贫工作中形成的良性互动关系。

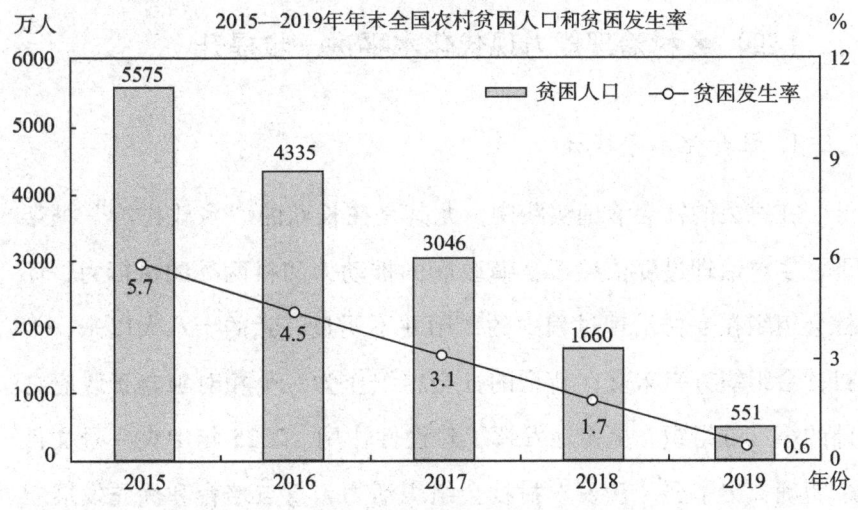

图1 2015—2019年农村贫困人口变化趋势❶

2. 乡村治理生态得到改良和优化

精准扶贫是一个全面性、系统性工程,除了实现村民摆脱贫困和增收致富的目标外,还要实现对乡村社会基础设施和生态环境等多方面的升级和改造,全方位提升村民的生活水平和满足村民对美

---

❶ 数据来源:《中华人民共和国2019年国民经济和社会发展统计公报》,2020年2月28日,引自新华网,http://www.xinhuanet.com/politics/2020-02/28/c_11256 40331.htm(访问日期:2020年3月31日)。

好生活的向往。习近平同志多次指出"绿水青山就是金山银山",这种对乡村生态环境的改善促进了旅游业和扶贫产业的发展,对乡村外出人员产生了拉力,促进了外出人员回流返乡就业和创业。这种改善提升了村民对脱贫致富的决心和信心,村民对基层政府和官员的信任度增强。因此,由精准扶贫战略所带来的自然生态的改变,又进一步促进了乡村政治生态和村民精神生态的改善,综合来说,就是乡村治理生态得到了改良和优化。

(四)乡村治理能力现代化水平进一步提升

1. 社会化水平提升

在过去的社会治理实践中,尤其是在长期的"乡政村治"框架下,乡村治理过度依赖于乡镇政府的推动力和村两委的执行力,而社会组织在乡村治理过程中的作用并不明显。党的十八大以来,乡村社会组织方兴未艾,新型的社会组织作为一个相对独立于政府之外的第三方组织,更多地发挥了建设性作用。2015年中央一号文件也明确提出了要"激发农村社会组织活力,重点培育和优先发展农村专业协会类、公益慈善类、社区服务类等社会组织"[1]。近年来,我国乡村治理社会化明显提升,已经成为乡村治理的一大亮点。

2. 法治化进程加速

乡村治理法治化是依法治国在乡村基层的具体体现,是将农村基层可以由法律来调控的活动和工作都纳入规范化和法律化的轨道。

---

[1] 中共中央、国务院《关于加大改革创新力度加快农业现代化建设的若干意见》,2015年2月1日,转自新华网:http://www.xinhuanet.com/politics/2015-02/01/c_1114209962_3.htm(访问日期2020年2月3日)。

党的十八大以来，乡村治理法治化进程明显加速，为乡村治理指明了建设方向。从《中华人民共和国村民委员会组织法》的修订，到《中国共产党农村基层组织工作条例》的修订，无不见证了我国乡村治理迈向法治化的步伐。乡村治理的法治体系进一步得到完善，为乡镇政府和村两委履职及村民参与乡村治理提供法律保障。

3. 智能化效果显著

智能化主要是指乡村治理的手段由传统向现代智能的转变。现代的生活日新月异，"互联网+"兴起，大数据时代到来，给包括乡村居民在内的人民生活和工作带来了根本性影响与变革。近年来，智能化手段极大地提升了乡村治理成效，主要体现在三个方面：一是乡村治理主体的素质得到提升，村民开始意识到通过互联网获得和交流信息，从而扩大他们的政治参与和意见表达；二是乡镇政府和村两委的工作效率得到极大提高，通过智能化系统平台建设，让党政机关、群团组织和企业等通过"一站式信息平台"面向群众发布实时信息，为村民提供更多的便利；三是乡村治理决策的科学性和准确性得到进一步提高，通过智能化建设，将乡村治理相关的碎片化信息进行整合，打破信息壁垒，更有利于进行科学的决策。

4. 专业化意识增强

谋发展离不开人才，抓治理更需要专业能手。党的十八大以来，各地乡村治理的专业化意识越来越强，更加意识到乡村治理需要专业人才，各地在乡村人才"留人"工作、党政干部培训和农民专业知识指导方面日益重视，纷纷出台引进专业人才的优惠政策。各地纷纷创新人才使用机制，坚持立足本土、吸引外来，解放思想、广开渠道，吸引在乡村治理、农业科技、经营管理、商务营销等各方面学有专长、经验丰富的专业型、专家型人才，通过下乡担任志愿者、投资兴业、包村包项目等形式，参与到乡村振兴建设中来。专业化意识增强是乡村治理现代化的重要推动力。

第二节　近年来我国乡村治理典型案例分析

从改革开放至今，我国在"乡政村治"制度体系下实行村民自治，在这期间不仅注重乡村治理的顶层设计，还注重根据实际情况给乡村基层赋权创新治理模式，各个地方为实现本地乡村社会良性发展，在国家制度框架内采取了诸多创造性的治理举措，有代表性的包括发达地区的全面城市化治理、欠发达地区的村代会常任制治理、新型村社一体化治理和"党建+乡村特色"治理等，这些乡村治理模式为新时代乡村治理现代化提供了不可多得的参考素材。

一、发达地区的全面城市化治理

在我国发达地区尤其是东南沿海地区，中心城市密集且发展速度快，有效地带动了周边乡村的发展，使乡村治理模式向城市治理方式转变，农村生产力水平不断提高，农村经济不断发展，一些乡村呈现出全面城市化治理的特点。

（一）乡村全面城市化治理的形成途径

1. 中心城市的辐射与吞并

一些中心城市发展需求的不断扩大，直接带动乡村的相关产业发展，逐渐将周边乡村纳入城市管辖体系，客观上促进了乡村的城市化进程。在此背景下,原本的乡村治理模式被城市治理模式所代替,甚至村委会逐渐由街委会所代替。这种乡村治理的城市化途径是比较常见的,在今天这种形式仍然存在。由于中心城市的扩张,乡村治理体系的纳入和兼并,也导致了特大型城市的增多。

2. 乡村社区建设的蓬勃开展

进入 21 世纪以来,乡村社会治理模式向社区化发展,即社区化治理。它的主要含义是指"在本社区范围内就公民之间、公民组织之间、公民与公民组织之间某些共同事务进行自由加入、平等参与、共同决策、共享权利、共担责任的一种基层社会的现代自由与民主的治理模式"[1]。农村的社区建设,主要指通过小村的合并成为大的社区,发展壮大后的社区进行统一管理。因为乡村联合管理在一定程度上可以整合资源,节约管理成本和政策宣传成本,也有利于发展乡镇企业。随着社区建设的不断扩大,就出现了乡村治理全面城市化的趋势。

(二) 乡村治理全面城市化的典型:华西村治理模式

华西村位于江苏省江阴市华士镇,地理优势明显,交通便利,周边有苏州、上海、无锡等大城市环绕。改革开放以来,华西村经济持续高速发展,形成了纺织、钢铁、旅游等多个支柱产业,迅速占领市场,在全国农村中率先实现"学有优教、劳有高得、病有良医、老有保养、住有宜居"。华西村通过社区化治理,实现了向全面城市化治理的转型。

---

[1] 施雪华,孔凡义:"美国社区治理及其启示",载《山西大学学报》(哲学社会科学版),2008 年第 7 期,第 93 页。

1. 社区党组织

华西村社区党组织成立于 1957 年，经过多年发展，于 1989 年建立江苏首个村级党委，由村委会、5 个党支部、10 个党小组管理华西公司，形成了"三位一体"的社区组织体系，共同管理社区和村民。社区党组织在处理公共事务中处于领导地位，发挥着先锋作用，统筹带领村里的自治组织、集团企业和志愿团体等组织。

2. 社区自治组织

社区自治组织主要指村委会，但是华西村独特的党、政、企"三位一体"模式，使得华西村三个招牌一套班子，村委会主要负责华西社区的财政、后勤服务，其治理功能没有得到凸显。除此以外，华西村村委会有一定的行政事务处理权，例如：村内人员外出开厂经营，需要得到村委会的批准；外来打工者申请加入华西户籍时，需要经过村委会的筛选等。

3. 社区集体经济组织

华西集团是华西村社区的集体经济组织，创立于 1994 年，是我国大型乡镇企业之一。华西集团掌握着社区的集体资金，它在华西村社区规划、村民生活保障等重大事项中发挥着极其重要的作用。鉴于华西集团所扮演的重要角色，它正在逐步取代村委会的地位。

华西村的治理模式，体现了城市治理和乡村治理的结合，将更多的城市元素融入乡村中去，开启了乡村农业化向工业化转变的新篇章，让村民享有了市民待遇，成了乡村社区治理向全面城市化转变的典型代表。值得一提的是，这种治理模式需要一个强有力的带头人，充分利用乡村自身的地理优势和资源禀赋，才有可能成功。因此，华西村治理模式的推广性和复制性还有待实践检验。

二、欠发达地区的村代会常任制治理

（一）村代会常任制治理的产生背景

区域发展不平衡是我国社会发展过程中面临的突出问题，欠发达地区的乡村治理往往普遍存在经济发展水平较低、劳动力缺失、村民分布比较分散等制约因素，村民自治水平较低，乡村治理基本是由村两委来主导，村两委在乡镇政府的指导下管理乡村和村民事务，村民对于维护自身权利的意识比较薄弱，参与乡村政治事务的意愿不够强烈，长期以来导致乡村自治基本流于形式。近年来，一些欠发达地区为了进一步加强乡村自治，探索了村代会常任制治理模式，有利于从真正意义上将村民的意志体现出来，强化村代会的决策监督权，为乡村自治探索新的实现形式。

具体来讲，村代会常任制是指"党支部领导、村代会做主、村委会办事"的制度，这种制度突出了在党的领导下村代会的作用，加强了党的领导，调整了乡村治理结构，把民主放在更加重要的位置，依法规范管理村务。需要明确的是，村代会常任制没有跨越乡村治理的制度规范，而是建立在国家现有的乡村制度体系内的创新，是对乡村治理结构和工作方式的调整。在这一框架下，党支部发挥政策引导和领导核心作用，抓大放小，进而确定乡村治理方向；村代会由之前的虚置变为实置，保证村民民主权利的实现，行使监督权和决策权；村委会依法依规管理乡村事务，落实村代会的决定。村代会常任制拉近了乡村党组织和乡村自治组织的距离，社会矛盾在村代会层面得到化解，使乡村治理成效得到明显提高。

（二）村代会常任制治理典型："青县模式"

青县位于河北省沧州市北部，有345个行政村。青县的乡村里曾经长期存在党支部领导失灵、民主参与渠道不畅通和两委矛盾突出等问题，使乡村治理效果大打折扣，不仅削弱了党的领导基础，阻碍了乡村治理政策的实施，也增加了乡村的不稳定因素。在一次解决青县陈嘴乡石楼村矛盾的过程中，该县总结经验抓住契机，尝试把村民代表大会（以下简称"村代会"）作为常任制机构，探索出了把村代会建设成为经常性实体议事组织的思路和做法。这一模式没有超出国家关于乡村组织和机构设置法规的范畴，是一种基层治理的创新。通过几年的示范、推广和指导，这一乡村治理模式进入了常态化实施阶段，为促进青县各乡村的规范有序发展作出了重要贡献。在乡村治理的研究中，很多学者将其称为"青县模式"。该治理模式的主要特色有以下两点。

1. 进行乡村治理结构调整

自从"乡政村治"的乡村治理格局形成以来，我国最常见的乡村自治模式就是由村党支部和村委会来进行乡村事务管理，同时由村代会对乡村事务进行民主监督。然而，《村民委员会组织法》的相关规定只明确了村代会的召开每年不得少于两次，并且在相当部分地区乡村的实际操作中，村代会的召开也都不是经常性的。青县陈嘴乡石楼村在遵守国家相关法律规定的前提下，创造性地将村代会常设化，调整村内部组织的权责，将村代会作为与党支部、村委会相并列的组织机构，极大地增强了村民的话语权，更好地维护了村民会议在村内重大事务的最终决定权地位，凸显了村民在乡村治理过程中的主体地位。就具体操作而言，从10~15个家庭中推选出来一名村民,作为这些户家庭的代表,参与行使日常决策的决定和监督权,同时选举出村代会主席,由村代会主席取代村委会召集村代会的功能,每月召开一次,或者经三分之一以上的村民代表提议可以随时召开。在这种情况下,村代会流于形式的问题得到了根本解决。这种模式特别适用于面积相对较大、人数较多和居住比较分散的村庄,因为这种模式可以保证村民代表来自乡村的不同区域,更大程度地汇聚民意。村代会常任制,改变了传统的村两委的格局,形成了村庄三个组织的共同治理格局。议题由村党支部、村委会和村代会的联席会议共同商定。村委会的职能则是更专注地对决议进行执行以及日常事务的管理,村委会干部真正走上处理乡村事务和落实决策的前线,并接受监督。

2. 发挥好村党支部的引领作用

实行村代会常任制,虽然增设了一个组织,但并没有影响党支部领航作用的发挥,反而对党支部的领导力提出了更高的要求。要加强和改善党对乡村工作的领导,一方面,党支部不应该事无巨细,包揽所有事务,要坚决杜绝村支部书记一人说了算;另一方面,党支部也不能软弱涣散,把所有事情都推给村委会。青县乡村的做法,就是将党支部的领导作用发挥在刀刃上,做到科学领导、依法领导和民主领导。科学领导,体现在村党支部找准定位,注重规范,注重有效性,充分发挥牵头作用,把握乡村发展的主要方向,在宣传和落实中央和上级政策时要走在第一线,始终成为党在乡村工作的主抓手,没有因为村代会的设置而被削弱权威和影响力。依法领导,就是确保村委会和村代会的日常运转符合相关法律法规,保证村委会和村代会按照程序依法选举,并带领村委会和村代会结合村庄发展实际制定符合本村治理的村规民约,提升村民的守法、用法意识。

民主领导,就是党支部带头信任村委会和村代会把乡村事情办好,把村党支部的领导与村民当家作主充分结合起来,为村代会选举、决策、民主和监督积极创造有利条件。

总体来看,"青县模式"中通过乡村治理结构的调整,既保障村党支部对村庄事务的领导,又避免以往村委会和党支部的权责不清和互相推诿,确保村民当家作主的权利,是乡村治理模式的一种成功实践。

三、新型村社一体化治理

(一)新型村社一体化治理的背景

进入新时代,党中央提出了一系列关于乡村发展的重大举措,其中重要的一条就是稳定农村土地承包关系并保持长久不变,对农村通过承包经营权入股产业化给予法律地位的认可,尤其是"三权分置"政策,有利于盘活农民的土地资源,释放发展潜力,对于农民来说是重大利好。

在这种背景下,有的乡村积极探索乡村治理模式,将确权的承包地自愿流转给"村社一体"的合作社,由合作社统一管理经营。这样做,一方面夯实了集体所有制基础,坚定了村民走集体化发展道路的决心;另一方面使集体和村民个人的各类产权关系更加清晰,权益归属更加明确。与此同时,这种模式还可以吸引外出打工的青年回流到乡村,有效地解决空心村所带来的土地大面积荒置和留守老人、儿童等问题。

由于这种"村社一体"治理模式是基于自愿的、有股权激励性质的，村民只是以土地经营权的形式入股，与过去的"大锅饭"和传统的人身依附的集体经济有显著区别，因此可以称为新型村社一体化治理模式。

（二）新型村社一体化治理的典型：塘约道路

塘约村位于贵州省安顺市，人口有 3000 余人，距县城 15 公里。该村各方面建设一直比较落后，尤其在 2014 年遭受一场洪水后变得更加贫困。随着国家以"三权分置"为主要内容的土地改革开始后，该村党支部抓住政策机遇，结合该村实际，努力探索治理模式，成立了"村社一体"的合作社，村民以自愿形式将具有承包权的土地流转到合作社，由合作社统一管理和集约经营，通过与民营企业等社会资本合作的方式，走合作共富的村民命运共同体道路。

1. 以乡村产权确权为基础

塘约村以土地确权为契机，对村里的土地资源进行整合，通过信息系统建设来打造塘约村土地流转管理平台，就集体土地承包权和经营权以及建设用地使用权在内的共计"七权"进行登记，并且进行颁证，给广大村民吃了一颗定心丸，使村民对自身的权益更加清晰。在确权之前，由于集体土地相关的各种产权存在不少纠纷，并且将土地流转出去的做法并不多见，导致土地用途始终比较单一，不利于引入先进的管理技术和集中经营。确权之后，农民不再担忧自己如何将土地价值最大化，只需要授权经营，就可以使土地资源流通起来，实现资源的优化配置，也有利于适度规模经营。

2. 以发展集体经济为特色

塘约村创新机构设置，村党支部把村合作社、企业和入社村民统筹起来，发展乡村集体经济，紧紧依靠"互联网+农产品"的销售拓展形式，打通物流和配送渠道。党支部进行总体规划，引领合作社、企业和村民统一种植、统一销售、统一财务管理等，实行现代农业和旅游业相结合的发展思路，多措并举壮大村级集体经济，使集体资产增值，村民成为股东，村民的收入实现多元化，村民和乡村经济的利益深度融合，成为乡村命运共同体。

随着塘约模式的成功，越来越多的外地务工人员返乡，为该村经济发展进一步注入新的活力。外地返乡人员回村后将土地流转给合作社，并增加资金入股。有些乡村的年青一代，面临着既不愿继续留在农村，也难以融入城市的尴尬局面，针对这种情况，塘约合作社专门与他们协商，通过签订协议和提供优惠贷款的方式鼓励他们进行创业。塘约村的模式，在其周边乃至全国都产生了积极影响，引起了越来越多的关注。

塘约道路的改革实践，建立在捋顺和创新乡村治理主体关系基础之上，村党支部通过合作社和企业来引领乡村市场化发展，村委会则专心做好村庄日常事务管理，做好公共服务等工作。这种多元化治理主体的创造性和村内各组织之间良性的分工是塘约道路能够成功并且持续发展的基础。

四、"党建+乡村特色"治理

（一）"党建+乡村特色"治理的背景

习近平同志在党的十九大提告中提出，要在全党范围内开展"不忘初心、牢记使命"主题教育，用党的创新理论武装头脑，更好地扎实做好党建工作。自从2019年6月开始的"不忘初心、牢记使命"主题教育实践活动开展以来,我国广大乡村认真落实主题教育关于加强党的基层组织建设的要求,积极将乡村本地特色与党建相结合,把乡村基层党建融入生产、生活和治理的各个方面,探索出"党建+乡村特色"治理模式,让党建真正引领乡村发展。

党建本身从狭义的角度理解是关于党的工作的专属概念,属于党务工作的范畴,主要包括党的政治建设、思想建设、组织建设、作风建设、纪律建设和制度建设等。党建工作一般被作为一种单独的工作,与业务工作相比,很多情况下被视为是两种不同性质的工作,在乡村层面就更是如此。在乡村创新"党建+乡村特色"的工作模式是一种主动加强党对乡村事务全面领导的新作为,将党建贯穿到乡村发展的每一个角落,把乡村的优势资源通过党建这个平台更好地利用起来,是新时代党为人民服务的宗旨在乡村治理中的体现。

(二)"党建+乡村特色"治理典型:海南大石岭村实践

大石岭村位于海南省万宁市山根镇东北部,现有2个自然村和6个村民小组。由于地处热带气候,全村主要以特色种植业、红色旅游和休闲旅游为特色。近年来,该村牢牢把握国家实施乡村振兴的良好机遇,以党建为统领,以服务为宗旨,以"党建+"治理理念全面推行"党建+文化""党建+乡村善治""党建+产业""党建+旅游""党建+扶贫"等工作,充分发挥基层组织的堡垒作用,团结和带领党员群众齐心协力开展美丽乡村建设,发展特色产业,完善基础设施,促进村民增加收入,提升村民幸福指数,成为"党建+乡村特色"治理的典型。

通过实地走访调研,笔者总结出有关"党建+乡村特色"的几个方面的内容。一是党建+特色农业。大石岭村党支部带领群众不断扩大特色富硒农产品的种植规模，积极打造大石岭村富硒农产品品牌。让懂海产养殖技术的党员与村民结成帮扶对子，不断扩大海产养殖规模，有效促进农民增收。二是党建+乡村旅游。大石岭村充分借助交通区位、资源特色、红色文化等，搭建"村党支部+公司+农户"平台，将休闲特色农业和乡村旅游相结合，不断完善旅游服务功能，开创了大石岭乡村旅游新局面。三是党建+美丽乡村。大石岭村以党支部为领导核心，深度融合各类资源，在红色文化、自然风光、特色农业方面做文章、下功夫，逐步建设成集红色旅游、爱国教育、民俗体验、观光农业、乡村休闲的美丽乡村综合体。四是党建+共享农庄。强化党建促集体经济发展，引入旅游企业合作，为村庄发展提供智力支持，发展共享书屋、共享农庄、乡村骑行等项目，以党建助推美丽乡村建设。

海南大石岭村的"党建+乡村特色"治理实践，对于如何将党建工作向纵深推进并促进乡村治理做了有益尝试，为乡村治理现代化中如何更好地发挥党建的作用提供了宝贵经验。

第三节 我国乡村治理实践的主要经验和启发

我国乡村治理的历史演进过程中的很多经验以及在具体的乡村治理模式的探索中涌现出的好的做法都值得认真总结和整理，这些宏观经验和具体做法对乡村治理现代化具有很大启发。

一、我党推进乡村治理历史进程的主要经验

我党从成立初期至今，在无产阶级革命和社会主义建设过程中，始终高度重视乡村问题。在乡村治理过程中，优良传统和好的经验要努力保留和发扬，错误思想和弯路要尽量避免。只有认真总结这些经验和吸取其中的教训，才能在新时代乡村治理现代化过程中发扬先进的、科学的理念并摒弃落后的、错误的观念。

（一）党的乡村治理理念决定治理方向和成效

我国在不同时期的乡村建设实践中取得的不同效果充分证明，党的乡村治理理念决定治理方向和成效。从历史上看，党的乡村治理理念的每一次变化都会给乡村发展带来改变。在民主革命时期，我党为了保证革命胜利和调动广大农民的积极性，以毛泽东同志为代表的共产党人坚持一切从实际出发的路线方针，深入乡村进行调查研究，总结革命经验，在革命的紧要关头提出了走"工农武装割据，农村包围城市"的道路，将党的工作重心放在乡村，通过土地革命等方式维护广大农民群众的利益，促进农村革命根据地的建设，形成了最广泛的抗日民族统一战线，取得了抗日战争和解放战争的胜利。在新中国成立后，为了尽快改变贫穷落后的面貌，促进经济的快速发展，我党提出对农业、手工业和资本主义工商业的社会主义改造，也出现了"大跃进"和"人民公社化运动"的探索和实践，进而引发了"鼓足干劲，立足上游，多快好省地建设社会主义"的总路线，使我国社会主义建设走入误区。改革开放以后，我党在思想上拨乱反正，重新恢复和确立了"实践是检验真理的唯一标准"

这一方针，使解放思想和实事求是再次成为我党工作的主旋律。正是在这种新的理念的指引下，才有了对乡村治理的改革创新，才有了统分结合的双层经营管理体制和乡村治理的新的春天。

党的十八大明确提出要创新社会治理，改进社会治理方式，党的十八届三中全会提出国家治理现代化的目标，要求把一些适合由社会组织提供的公共服务和解决的事项交由社会组织去承担，党的十八届四中全会提出了依法治国的基本方略，对乡村治理产生了深远的影响，长期以来乡村治理过程中控制和管理的思维逐渐被多元共存和扁平化治理理念所代替，党的治理理念的与时俱进对推动乡村治理现代化起到了关键作用。

（二）乡村治理必须以尊重客观规律为前提

在实践中认识、尊重和把握客观规律是一切从实际出发原则的根本要求。马克思主义认为，客观规律是事物发展自身所固有的本质的必然的普遍联系，这些联系是存在于人们的意识之外并且不依人的意识为转移的。无论是自然规律、社会规律还是思维规律，都是客观的或是对客观现实的反映。❶

乡村治理作为一种社会实践活动，必须尊重社会主义经济发展规律和农业自身发展规律。我党对乡村治理的认识和实践是从初级到高级、从简单到复杂的过程，体现了发挥主观能动性和尊重客观规律的统一。

纵观我党乡村建设的实践，不难得出这样的结论：夸大主体能动性，忽视客观规律性，单凭主观判断和意志去推动工作，虽然出

---

❶ 《马克思主义哲学十讲》，党建读物出版社、学习出版社，2013，第28页。

发点是好的，但结果却可能事与愿违。例如，在20世纪50年代，当时推行的"大跃进"和"以粮为纲"等冒进措施，违背了社会主义经济发展规律和农业自身发展规律，虽然目的和愿望是好的，但是事与愿违，对乡村社会建设造成了巨大破坏。可见，一方面，乡村治理要坚持按照客观规律办事，一张蓝图抓到底，抓好打基础利长远的工作，不能违背规律拔苗助长；另一方面，乡村治理还需要鼓励地方和基层先行先试，及时总结经验和教训，推进理论和实践创新，不断深化对规律的认识。

（三）土地产权变化是乡村治理实践演进的关键

我党领导的乡村建设治理实践的发展，在很大程度上受乡村固有的经济条件、社会环境和历史文化的影响，其中经济条件是基础，而土地是所有经济条件中最重要的生产要素，也是农民的核心利益所在。新中国成立以来，我国废除地主阶级土地所有制后，实行了从农民土地所有制到社会主义改造后的集体土地所有制。在土地产权变化的基础上，乡村治理结构从最初的乡政权模式到生产初级互助组，再到后来政社合一的人民公社体制，这背后都有土地产权变化的推动。改革开放以来，以家庭联产承包为特点的土地产权制度促进了中国农业生产力的发展，为乡村治理提供了稳定的政策保障。20世纪90年代，我国乡村土地流转制度确立，改变了农业经营方式的格局。

进入新时代，以土地所有权、承包权和经营权"三权分置"措施的实施，盘活了大量闲置土地，并引入社会资本对乡村进行建设和治理，解除了农民"家家包地、户户种田"的束缚，让农民有更多的时间和精力从事其他行业。这促进了乡村治理实践的创新，推动了乡村治理向现代化的演进。

二、治理模式典型案例对乡村治理现代化的启发

在我国乡村治理实践形成的"乡政村治"的制度框架内，各地结合自身实际对乡村治理模式所进行的创新性探索，不仅体现出不同地区的乡村治理的特殊性，也可以管中窥豹，从中提炼出治理实践中一些共性的特征。

（一）乡村治理现代化离不开村民治理主体作用的发挥

习近平同志指出："人民对美好生活的向往，就是我们的奋斗目标。"[1] 农村治理怎么治才算好，农民是最有感受和见地的，只有农民亲身参与治理的各个环节，充分体现其治理主体的地位，才能形成可持续的乡村治理模式。在前文列举的不同地区乡村治理模式创新案例中，华西村模式的核心理念就是"学有优教、劳有高得、病有良医、老有保养、住有宜居"，以全面满足村民对美好生活的向往为出发点和落脚点，实现了乡村的有效治理；村代会常任制模式以解决广大村民对乡村治理的实际参与权为目标，保障了广大村民对民主权利的行使，促进了乡村治理主体的多元化；新型村社一体化模式，紧紧结合国家对土地产权"三权分置"的改革政策，以如何增加村民的切身经济利益为目标，盘活土地资源，释放发展潜力，促进村民增产增收；"党建+乡村特色"治理模式使党建不再是党支部和党员独有的工作，而是将全体村民

---

[1] 《习近平谈治国理政》（第一卷），外文出版社，2014，第424页。

纳入党建的各个环节，让大家从中受益的同时，发挥各自的聪明才智，既解决问题，又促进生产。

因此，不同地区对乡村治理的探索，都始终遵循一个重要原则，那就是突出发挥乡村村民能动性的重要性。一方面，提升乡村治理水平，必须充分发挥农民的主体作用，通过深化村民自治，让村民参与到集体各项议题决策、实施、监督的过程中。只有村民的权益得到了保障，生活得到了改善，乡村治理才能赢得群众的真心拥护和支持。另一方面，要创造性地为村民参与乡村治理提供更多的机会和良好的条件，有句话叫"真正的智慧在民间"，乡村也是一样。只有群策群力，才能在作决策时看问题更加全面，才能确保维护好最广大村民的利益，因为没有满足广大农民对美好生活的向往，乡村治理现代化就是一句空话。只有充分发挥乡村治理主体的作用，才能更好地实现乡村治理主体多元化。

（二）乡村治理现代化离不开党领导的治理体制机制作用的发挥

党的乡村治理体制机制，是党领导乡村治理的主要载体，是实现乡村治理现代化的依托。体制和机制是含义相近但不同的两个概念，体制体现的更多的是一种相对固定的模式和状态，而机制则强调的是如何使体制内的各个元素运转起来。从乡村治理的角度讲，"体制"主要是指国家行政组织机构、村庄和企事业单位之间以及内部等组织机构设置方式、权力监督和运行以及权责划分的模式[1]；而"机制"主要指通过某种协调模式把各个部分有机地融合为一个整

---

[1] 邱春林：《中国共产党农村治理能力现代化研究》，山东人民出版社，2017，第231页。

体，治理主体通过某种方式把广大农民、社会组织和行政机构等有机地组织起来，使他们发挥体制上的功能。[1]

乡村治理需要解决的四个主要问题就是谁治理、治理什么、怎么治理和为什么治理，这四个问题的落脚点在于怎么治理，也就是治理方式。要回答好"怎么治理"这个问题，关键在于党领导的治理体制机制。第二节所提到的四种具体的乡村治理模式都体现了治理体制机制的重要性，它是乡村治理的运转中枢。华西村模式独创了社区党组织、社区自治组织和社区集体经济组织为特色的治理机制，为乡村治理的有效运转奠定了基础。村代会常任制治理在国家现有的乡政村治结构下强化突出了村代会的作用，形成了村党支部、村代会、村委会三位一体的治理机制。新型村社一体化治理以土地确权为基础，建立了"党总支+合作社+公司+农户"的乡村治理机制，提高了乡村治理的社会化和专业化水平。"党建+乡村特色"治理模式把党建作为贯穿乡村事务的主线，形成了党建与乡村治理的协调机制，提高了乡村治理的畅通度。

从全局范围来看，新时代建立健全党领导的乡村治理体制机制，就要坚持以村党组织发挥引领作用，领导村民自治组织、村务监督组织、经济合作组织在法律框架内行使职能。健全党领导的乡村治理体制机制，落实乡镇党委的直接责任，提高党员干部领导村务建设和指导集体经济发展的能力，为新时代乡村治理现代化奠定体制机制基础。

---

[1] 邱春林：《中国共产党农村治理能力现代化研究》，山东人民出版社，2017，第234页。

（三）乡村治理现代化必须着眼于实现乡村可持续的"内发性发展"

中国的乡村治理现代化进程很大程度上具有后发和城市带动型的特征。从目前中国乡村治理的实践来看，部分乡村治理对周边城市的依附性较大，不利于乡村的可持续发展。正如有的学者认为的："社会体系与外部环境之间存在着界限，内外是有别的。导致社会变迁的因素有两种，就是内生因和外生因"。❶根据这一概念，由社会内部的变革或者发明创造引发的社会变迁，属于内发性发展，而由外部环境影响或者带动引起的，则属于外发性发展。巴西著名社会学家费尔南德·卡尔多佐曾经从第三世界的角度对"内发性发展"内涵进行概括："所谓内发性发展，就是在本国国内积累资本并酝酿发展工业的动力，对外国有较少的依附，可以依赖自己的力量进而推进经济增长的状态"。❷可见，从乡村层面来理解内发性发展就是乡村的现代化发展需要构建自身的独立性，减少对城市的依赖程度，在社会结构和经济发展方面与城市形成互通有无、优势互补的发展格局。

只有构建一个独立发展的乡村社会经济结构，才能保证具有独立主体地位的村民按照民主原则进行乡村自治，而不会由于城市制度体系的变化而变化，也不会完全被城市经济发展的需求所束缚。就不同的乡村治理模式而言，越是从乡村自身特点以内部驱动为主的改变，越具有可持续性和普及性；而相比之下受城市体制带动程度较深而形成的发展模式，可持续性和普及性就相对较弱。例如，

---

❶ 祁勇，赵德兴：《中国乡村治理模式研究》，山东人民出版社，2014，第152页。
❷ 祁勇，赵德兴：《中国乡村治理模式研究》，山东人民出版社，2014，第152页。

以华西村为典型代表的全面城市化社区治理模式，在早期较多地受周边发达城市的带动，更加趋向于外发性发展的特征，因为并不是大多数的乡村都具有华西村这样的资源禀赋、地域优势和发展机遇。但是，华西村的模式形成之后，该村更加注重内部建设，完善治理结构，逐渐减少对周边大城市的依赖，形成自成风格的发展体系。此外，村代会常任制治理模式从乡村内部聚焦治理主体参与度，从优化三位一体的治理格局角度出发，力图从村内部发力，进而实现乡村善治。新型村社一体化治理模式着眼于盘活农民土地经营权，通过党支部、合作社和企业互动打通乡村的经济内部潜力，也体现了内发性的发展特征。"党建＋乡村特色"治理模式，则是以党建为抓手，从乡村最基层的政治、经济、文化、社会建设出发，更多地体现出了内发性发展特征。

第三章 乡村治理现代化的国际经验与借鉴

与发达国家在乡村治理方面的成就相比，我国乡村治理现代化的起步相对较晚，大多数发达国家在乡村治理方面已经比较成熟，积累了大量的乡村治理经验。虽然我国在国家政治制度、经济基础、资源禀赋和文化传统等方面与发达国家都有很大差异，但发达国家在乡村治理过程中一些公认的好做法和先进理念对我国乡村治理现代化具有现实的借鉴意义。本章节选美国、日本和韩国三个乡村治理模式有特色、治理体制机制比较健全的国家作为个案进行分析。

第一节 美国乡村治理实践

提起美国的乡村，它与中国传统意义上的乡村概念有很大不同，因为美国作为一个高度发达的国家，其城乡差距非常小，不能简单用行政区别来界定乡村和城镇。美国乡村治理取得的成就是建立在一百五十多年不断完善和发展的基础之上的。美国从严格意义上来讲,并没有像中国这样相对比较封闭的乡村,美国的乡村大多都是与城市密切融为一体的,以小城镇形式存在的情况居多。通过了解和分析其发展特征,可以为我国乡村建设提供一些启示。

一、美国乡村治理概况

美国基层政府和乡村管理、组织及其职权由各州进行设置和规定,没有一个全国统一的基层管理单位。从基层政权和管理组织的层面来看,美国乡村地区主要形式包括乡、镇、村,在不同的州称谓有所不同。美国的乡村主要是指城市群以外的区域,跟中国严格意义上的乡村有所不同。乡是农村地区的主要政府单位,广泛存在于美国中西部地区。美国乡镇人口数量一般在2000~3000人,与中国的行政村人口数目相当。与中国不同的是,美国的镇和村主要由居民申请设立,但乡则是直接由政府设置,美国的乡镇自治与中国的乡村基层治理有相似之处。乡镇等基层政权组织之间都不存在严格的行政等级关系,各自依法相对独立进行自治管理。

美国以乡为代表的乡村管理运转组织主要有乡政府、乡民大会、乡委员会和首席行政官等。乡政府的职能与市、县类似,主要从事日常事务管理、基础设施建设、公共服务供给、开办教育等。乡的有些职责,如修建道路和保障福利等与县是有交叉重合的,因此有的乡的某些职责根据实际需要会转交给县。乡民大会一般是作为乡的决策机关,乡里的合格选民都可以参加,讨论乡村发展的重大决策、听取乡政府官员报告以及通过乡规民约等事项，因此，美国乡村居民对乡村本地事务的参与度很高，并且对乡村事务具有较大的发言权。美国大多数州的乡会设置具有管理职能的委员会，不同的州名称不尽相同，例如有乡管理委员会、监督委员会或者乡委员会。

与大多数国家一样，美国的乡村也经历过相对落后和城乡差距较大的时期，当时乡村没有得到足够的重视，治理水平也相对较低。例如，在20世纪30年代，美国利用有利的国际环境和机遇大力发展工业和城市基础设施，乡村除了作为农业生产的主阵地外，还没有成为美国政府的关注点，乡村在道路、水电设施、农场投入等方面存在明显短板，城乡发展有着较大差距。到20世纪中后期，乡村开始得到越来越多的重视，政府开始通过加快支持乡村振兴的立法、增加对乡村地区的财力支持等方式来解决城乡发展不平衡的问题。由于政府的重视和大力投入，乡村落后的面貌得到极大改善，贫困率也显著减少。直到20世纪90年代，乡村发展遇到了新的瓶颈，即乡村传统的农业生产受到来自经济全球化和国际贸易自由化的挑战，因此，美国政府开始加大对乡村与城市的对接，使乡村地区的生产生活方式融入城市中去，打造小城镇建设，进而整合乡村和周边城市的行政职能，来实现城乡融合发展。目前，美国除纽约、费城、芝加哥等个别超大城市外，更多的是成片、融合的乡村和城镇综合体，展示出了城乡互补共生的格局。

二、治理特色：打造城乡共生型小城镇

美国在乡村建设过程中，尤其注重缩小乡村和城市之间的差距，包括就业、收入、医疗和生活等各方面。为稳定农村人口和提高农

场主利益，美国在乡村地区实行了一系列围绕小城镇发展的土地、人口、贸易和税收等政策措施，通过在乡村地区建设小城镇来把广大的乡村地区和大城市联系起来，形成了以小城镇为代表的城乡共生型发展模式。

美国小城镇的发展和大规模普及，主要得益于政府推行的小城镇建设政策。在20世纪60年代，美国开始试点"示范城市"试验计划，主要目的就是将人口分流，进而促进大城市人口分流到乡村地区，这就直接推动了小城镇的发展。小城镇既具有乡村的田园风光，又具有从大城市引进的管理制度、治理体系，结合不同乡镇的区位优势，就形成了各具特色的小城镇，并且实现了内部自我治理。

值得特别指出的是，美国的乡镇除了具有高度自治的特点外，还形成了在这种制度上发展起来的乡镇精神，即乡镇居民参与本地公共事务的公民精神和对乡土依恋、热爱社区的精神，这种乡镇精神集中体现出了当地居民的治理主体意识。例如，美国英格兰的居民依恋他们的乡镇，"因为乡镇是强大的和独立的；他们关心自己的乡镇，因为他们参加乡镇的管理；他们热爱自己的乡镇，因为他们不能不珍惜自己的命运"[1]。美国这种以小城镇为特色的城乡共生型模式以农村完善的公共服务体系和发达的城乡交通条件为基础，进一步提升了乡村治理的现代化水平。

---

[1] 托克维尔：《论美国的民主》，董果良，译，商务印书馆，1988，第76页。

三、治理经验与借鉴

(一) 主要治理经验

1. 有比较明确的城乡一体化目标和制度政策保障

美国政府对小城镇进行科学规划,通过建设小城镇来推动城乡一体化发展,注重乡镇的综合承载力,在整体规划的过程中注重与其所在区域的特色产业相结合,同时严格遵守联邦和州的法律法规。美国政府专门成立了促进乡村发展的机构,设立乡村发展署,专门制订长期规划,通过完备的法律制度保障和政策支持,使小城镇顺畅地完成推进城乡一体化的目标。美国通过建设小城镇,有效地发挥了以点带面的作用,整合了城乡资源,实现了城乡联动发展。其一,小城镇的建设切合了乡村发展的市场需求。美国小城镇的形成虽然离不开政府的政策主导,但更多的是建立在市场无形的力量和居民天然选择的基础上的,通过社会商业的加入而逐步完善。其二,从地理位置上看,小城镇的发展符合乡村建设的需要。美国小城镇基本分为都市边缘区小城镇和乡村地带小城镇,虽然它们都有各自的发展定位,但都不追求片面的经济增长和 GDP 增速。其三,小城镇建设与乡村建设一体规划。美国小城镇的建设都会制定城镇建设总体规划,地方政府的功能主要是规划管理和社会公共服务。如在乡村小城镇地区开辟建设项目,为避免出现规划损坏居民利益的情况,必须举行公众听证,只有符合乡村发展实际才可以开展,保证了城乡一体化的发展。

2. 乡村基层政府独立性和自主性强

通过了解美国的乡村治理结构可以确定，美国乡村基层政府作为独立的法人组织，具有与城市基本相同的治理体制机制，独立地承担法律责任，具有独立的经费和财产，即城乡政府拥有大致相同的收入结构。这种模式有比较明显的优点。一方面，在工业化、城市化发展的大背景下，这种城乡一治的乡村治理模式有效地稳定了乡村人口，防止了乡村人口减少带来的税基减少和服务能力下降等问题；另一方面，在乡村实行的这种地方自治制度，是乡村与城市有相同的自治权，避免了城市政权对乡村地区的直接或间接领导，确保了乡村居民自主管理、自主监督地方事务的权利，促进了乡村治理民主化。

（二）对我国的借鉴意义

从美国乡村治理的组织架构和发展演进情况来看，美国乡村治理具有治理机构专业化、财政投入力度大和公众参与的平等性突出等特点。从美国乡村治理实践的经验来看，美国通过加强乡村制度建设、延续和完善乡村扶持政策以及发展以"小城镇"为特色的城乡一体化是其乡村治理的主要经验。

虽然美国乡村的资源禀赋和发展现状与我国有很大差异，但其治理经验对我国推进乡村振兴战略和实现农业农村现代化仍然有借鉴意义。首先，美国专业化的治理机构启示中国有必要成立专门负责乡村振兴的政府机构，统筹规划和推进乡村振兴战略，集中力量解决乡村治理中面临的问题。例如，2018年3月，我国撤销农业部，正式组建农业农村部，其职能包括统筹研究和组织实施"三农"工作战略、规划和政策，这一举措正是完善乡村发展政策框架和制度的有力举措,有利于进一步完善乡村治理体系和治理体制机制,以及增加对农业农村的投入力度。其次,美国特色小城镇建设带动城乡一体化发展的经验值得我国借鉴,尤其是美国乡村小城镇所具有的独立的税收和财政权。我国乡村众多并且发展潜力巨大,通过赋予独立的税收和财政支配权,调动乡村的积极性,可以刺激乡村发展的内生动力,促进乡村结合自身特色,引进社会力量,促进乡村经济、社会和文化发展。当然,这种借鉴与坚持党对乡村工作的绝对领导并不冲突;相反,提高党对乡村工作的领导和服务水平,有利于推进这种模式的尝试和开展。

第二节 日本乡村治理实践

日本作为我国的邻国,相对于欧美国家而言,在传统文化、人口分布、发展历程等方面与中国有着更多相似的地方。日本在资源贫乏的情况下实现了经济高速发展,也实现了乡村建设迈向现代化的阶段。因此,对日本乡村治理经验进行有效借鉴并运用到我国乡村建设实践中是非常有意义的。

一、日本乡村治理概况

日本是亚洲东部太平洋上的一个群岛国家,城市化水平较高,乡村人口占比低。日本农业用地面积狭小,农业生产集约化程度很高；粮食自给不足。❶ 日本作为一个发达国家，其基层自治组织经过不同时期的发展变化也基本完善，乡村治理水平现代化水平较高。与美国不同，日本实行单一制国家体制，行政组织基本上有三级，第一级为中央政府的省、厅，第二级为地方政府的都、道、府、县，以及下一级的市、町、村。作为最小单位的市町村总数有1741个，平均每个区划的人口密度约为每217平方公里7.3万人（2017年年末统计）❷。日本把町、村作为一级行政单位，是基层行政组织，町比村具有更多的城市特点，相当于我国的镇；日本的村具有明显的农村和农业特征，相当于我国的乡。

日本乡村基层居民自治水平很高，村民可以自愿参加各类乡村组织，基层居民自治组织也拥有相当的独立性。❸ 日本乡村的村民享有较高的民主权利，对选举村议会及其成员以及村长都具有很大的话语权，村议会与村长之间也有制衡和监督关系，这样就保证了村民对乡村治理的深度参与。日本乡村治理的最显著特征，就是它的农业协同组合（简称"农协"），这是日本全国范围的农业和农民协会，几乎所有日本农民都自愿参加。该协会在日本国内具有不同的级别，从国家到都、道、府、县和市、町、村共三级不等。无论是单独的町、村建立的农协，还是若干个町、村共同建立的农协，都纳入了全国农协的体系。

日本在"二战"后全力加强城市建设，对乡村工作重视程度相对有所降低，乡村治理因此受到一定影响。据统计，"在1955年至

---

❶ 方明，刘军：《国外村镇建设借鉴》，中国社会出版社，2006，第31页。
❷ 酒井富夫，等：《日本农村再生：经验与治理》，李雯雯、殷国梁、高伟，译，社会科学文献出版社，2019，第6页。
❸ 项继权：《外国农村基层管理体制比较与借鉴》，载《政治学研究》1996年第1期，第77页。

1971 年间，工业和其他非农产业的就业人口增加 1830 多万人，总数达到 4340 多万人，占就业总人数的比重从 61% 提高到 85%；同期农业劳动力则从 1600 万人减少到 760 多万人"❶。传统的村落社会迅速崩溃，由于以乡村为代表的地方区域人口减少而出现乡村"过疏问题"，引发了社会普遍关注。首先，乡村地区的生活与社区基础弱化，出现萧条衰落的景况；其次，以中青年为主要代表的人口大规模离开乡村，形成了乡村社会人口构成的老龄化；最后，基础设施的衰落和乡村人口的空心化导致乡村地区以农业为主的生产功能越来越弱。这种情况直接导致的后果就是农业生产力大幅下降，乡村发展出现各种困难和挑战，城乡差距扩大化明显。

到了 20 世纪 70 年代末，日本开始认真思考如何统筹城乡关系进而实现经济社会的可持续发展，开启了著名的造村运动。造村运动实施之初，主要目的是促进农村经济发展，缩小城乡差距。随着运动的开展和探索，日本将促进农村经济发展与改善环境、提升健康和福利事业相结合，推动整个乡村社会治理的发展。与此同时，日本政府在乡村地区规划并实施了"村镇综合建设示范工程"，主要有以下几个方面：村镇综合建设构想（产业的振兴、生活环境建设、社会组织以及地区经营等）、建设计划（村落、道路、土地用途划分）、地区行动计划等❷。

从 20 世纪 80 年代至今，日本通过乡村地区居民和民间社会组织多元主体共同参与促进乡村地区发展。总体来讲，日本通过采取多方面的措施，加大了对农业生产的支持力度和城市反哺农村的力度，制定科学规划引导乡村发展，加大乡村基础设施和公共服务设

---

❶ 金明善：《现代日本经济论》，辽宁大学出版社，1996，第 549 页。
❷ 方明，刘军：《国外村镇建设借鉴》，中国社会出版社，2006，第 32 页。

施投资建设力度，发挥乡村社区主导性和农村协同组织的作用，在乡村治理方面积累了有益的经验。

二、治理特色：农协深度参与

对于乡村小规模的农业生产者来讲，很难通过单独竞争来保护自己的利益，因此日本通过在乡村成立和建设农业协同组合，并将其作为农民互助的组织来协同乡村治理。在发挥农协的作用方面，日本做出了很多有益的探索，为乡村治理的现代化作出了巨大贡献。

"二战"后，日本制定了《农业协同组合法》（简称《农协法》），并且于1948年成立了农协。日本的农协有两类：第一类是在乡村从事多种类服务事业的综合农协；第二类是实行某一种农业产品相关服务事务的专业农协。对于农协成员，也根据从事人员的身份不同分为两种：第一种是正式的农协会员，日语称为"组合员"，主要指的是乡村的农民，也就是农业从事者，他们除了享有协会各项服务权利外，还具有表决权和投票权；第二种是准协会会员，日语称为"准组合员"，包括非农户居民和已经离开农业的原农户成员。

目前，日本的农协主体是综合农协，即以农民为成员成立的基层农协。日本农民的参与意识很强，虽然加入农协是农民自愿的行为，但是几乎百分之百的农户都加入了综合农协。日本的农协根据《农协法》建立了全国三级管理体制，在综合农协之上有上级地方（都、道、府、县级）机构和全国（中央级）机构。地方机构是以基层的综合农协为成员，以各个都、道、府、县为单位成立的农协联合会，而与此同时各个地方的联合会根据业务不同又建立了中央级机构。因此，当基层农协单独运作有困难或效率低下时，可以由地方或全国联合会来统一运作，进而发挥规模效益和增强社会化服务的功能。

综合农协具有严格的工作体制，其工作计划与有关规则由成员大会决定，成员大会通过选举产生理事会，理事会负责日常业务决策和管理，理事会选出代表理事，即农协的社长。农协雇用员工，执行日常服务业务。就具体业务而言，综合农协的服务业务内容非常丰富，包括农业技术指导、信用、农业生产设施建设和利用、农产品运输加工和储藏等。在这个过程中，日本政府会配套一定的政策扶持来完善这种农业统一化经营模式。

尤其值得指出的是，日本农协本身既是企业，也是乡村农民的团体组织，具有双重属性，它存在的根本目的是服务村民，而不是获取经济效益。在日本近年来乡村发展的过程中，农协对减轻政府压力、提高农村生活水平和促进农业发展方面发挥了不可替代的作用。

三、治理经验与借鉴

（一）主要治理经验

1. 注重乡村和农业同步发展

20世纪70年代以来，日本充分意识到单方面加大城市建设力度的不良影响，开始将政策重心向乡村转移，开启造村运动，通过乡村振兴来推动农业现代化发展。事实证明，没有乡村的全面进步，农业现代化发展就无从谈起。日本开始着手改变发展乡村只是重点发展农业的传统思路,从1999年起,日本在《农业基本法》的基础上,又补充制定了《食品·农业·农村基本法》和《山村振兴法》等,通过立法来促进乡村地区的全面发展;设立专项建设经费来支持乡村个性化发展,突出因地制宜,努力保持乡村特色,实现"一村一品",尤其是对山村和渔村等地区的特色自然景观加大支持力度。

通过几十年对乡村的重建和更新,乡村的本土文化得以保留,生态环境得以恢复,相关产业得以振兴,农业的现代化水平得以提高。因此,乡村的自身治理是农业发展的前提,农业的发展同时促进乡村各项建设的开展。乡村和农业同步发展是日本乡村治理的明显特征。

2. 充分发挥农协在乡村治理中的作用

日本农协在乡村发展过程中有着独特的作用,它是连接政府和农民的桥梁纽带,日本政府关于农村发展的政策和策略很大程度上要依靠或者借助农协才能够完成。为更好地保证农协作用的充分发挥,日本通过法律、政策和培训等手段确保农协的健康发展。首先,在法律方面,日本政府除了通过颁布《农业协同组合法》赋予农协合法的社会地位外,还根据乡村社会发展的需要以及环境的变化等提议更新和完善原有法律法规,进而依法保障农协组织顺利运行。其次,日本各级政府在制定农业、税收和金融政策等方面给予农协优惠和支持,使农协发展有了强大的后盾。最后,日本政府重视和鼓励农协构建教育培训体系,采取灵活多样的方式培养懂乡村、懂农业的高科技人才。

(二)对我国的借鉴意义

从日本乡村的治理架构和发展历程来看,日本乡村治理具有基层自治独立性强和城乡政策转换及时等特点;从乡村治理特色和经验上来看,日本乡村治理具有注重乡村和农业同步发展、因地制宜和突出农协作用等特征。

与我国乡村治理相比,日本乡村治理有很多先进的理念和做法值得我国借鉴。第一,日本造村运动突出因地制宜的原则,这方面值得我国学习和借鉴,尤其是在"一村一品"方面,日本擅长结合乡村的实际进行环境规划、产业布局和文化传承。我国地域广阔,不同地区的乡村在经济、社会、文化以及生态等方面差异较大,与日本相比,在乡村因地制宜治理方面还有较大差距,因此需要多研究学习日本乡村治理中具体问题具体分析的这种理念。第二,日本在农协的运用和管理方面的经验值得我国研究。日本的乡村农协与我国的农民专业合作社非常相似,两者在促进乡村发展和增强农业生产力方面的目的是一致的,但又有明显区别。其中最明显的区别就是在吸收成员的范围和运行决策原则方面,只有农业生产者才有选举权和决策权,而其他个人或团体都不享有。中国的农民专业合作社中往往与农民有交易关系的龙头企业在合作社中持有较多的发言权,制度安排上损害了合作社原则的实现,难以保障合作社农民主人翁的利益和主体地位。相比之下,日本农协的做法给我国农业合作社提供了很大启发。

第三节　韩国乡村治理实践

从 20 世纪后期以来,韩国乡村成功地完成了由农业萎缩、农村衰退、社会颓废的状态向农业较为发达、农村面貌焕然一新和社会经济均衡发展的转变过程，这其中很多治理经验也值得研究和借鉴。

一、韩国乡村治理概况

从韩国地方行政区划来看，除了首都首尔外，共有6个广域市（直辖市）、9个道（省）、86个郡（县）。郡下设邑（镇）和面（乡）。邑和面下设里（村）和班（组），里和班都不是行政单位。总体来看，与美国和日本的乡村相比，韩国的乡村机构设置和治理结构与我国的相似性更高。

韩国在20世纪后期实行地方自治制度以后，乡村治理理念和治理模式出现了很大转变，地方政府获得了更多的自主权，同时在制定乡村发展政策或者农业发展规划时，必须征求农民的意见和保障农民的权益。根据韩国地方自治法律，乡村的主要管理权限在郡政府，郡守是由当地选民选举产生的，是一个郡的主要行政负责人。郡守会听取包括乡村村民在内的选民的意见和建议，并经常性地向上一级行政机构即道政府和市政府汇报工作。由此可以看出，韩国乡村的建设和发展，很大程度上取决于郡政府的作为。在郡政府的领导下，韩国的基层政权邑（镇）和面（乡）对村庄进行治理。

近年来，韩国政府重视对乡村干部的培养，在乡村成立村干部培训中心，拓宽村干部的视野，让他们在市场敏锐度、先进技术和管理经验方面始终保持能够胜任的状态。

二、治理特色：开展韩式"新村运动"

在韩国乡村从落后迈向现代化的过程中，韩国政府自20世纪70

年代起实施的"新村运动"扮演了重要角色,该运动以政府充分支援、村民自主参与和引进投资项目为主要特点,引领乡村村民全方位投入乡村现代化建设上来。这一运动经历了基础设施建设阶段、向城镇扩散阶段、充实提高阶段和自我发展阶段,在推动乡村建设、农业发展、农民致富等方面取得了世界公认的成就。对此,我国有学者认为"韩国新村运动的成就具有普遍性价值"❶。

从政府、乡村和村民三个层面来看新村运动背景下的乡村治理,可以总结为以下几个方面内容。第一,中央和地方政府的政治权威为新村运动的开展起了决定性作用和强有力的保障。中央政府设立专门的机构来负责新村运动的计划与执行,各级政府包括各道、市、县以及基层的行政镇、村也效仿中央设立机构,并制定了关于促进乡村和农业全面发展的经济、社会、文化、教育等方面的政策措施,进而保障各项事务的稳步推进。第二,新村运动允许村民利用家庭亲缘关系组建维护自身利益的集团组织,及时表达利益诉求。虽然在新村运动中,韩国政府为每个村任命一位政府公务人员作为牵头人来负责新村发展计划和具体工作的组织实施,但从实际效果来看,这种组织形式并没有发挥预期作用,因为韩国的农村与中国的小村落类似,都具有依靠血缘或者亲缘进行聚集生活的特点,亲属关系在某种程度上主导了社会结构。韩国政府及时认识到了这个特征,支持村民以亲缘关系为纽带发起协会组织,来向政府反映村民的合理需求,利用这种独特的自治形式为乡村治理奠定了群众基础。第三,政府采取奖勤罚懒的鞭策机制和倡导培训的能力提升机制,全方面促进村民的精神启蒙和调动村民的积极性、主动性。韩国政府

---

❶ 樊瑛华、李秀珍:《中国新农村建设与韩国新村运动的比较研究》,载《人文杂志》2008 年第 3 期,第 92 页。

根据各个乡村村民的参与度和建设效果,将全国范围内的乡村分为三个不同等级,即基础村、自助村和自立村,并以此等级作为补贴力度的参考标准,这一措施反过来又促进了村民参与的热情。此外,韩国在乡村开办新村培训学院,专门从村民中挑选和培养乡村治理的骨干人员,这些接受培训人员虽然不是政府的公务人员,但是在推进新村运动和乡村建设过程中发挥了重要的作用。

三、治理经验和借鉴

(一)主要治理经验

1. 乡村治理需要教育先行

近年来,韩国乡村治理取得了很大成绩,可以说利用短短几十年走完了西方国家几百年的乡村现代化和农业现代化的道路,这其中一个重要的原因就是韩国高度重视乡村教育和村民培训。一方面,加大乡村教育的支持力度,办好办强乡村基础教育,为乡村发展奠定人才基础;另一方面,举办各种培训中心,大力开展新农业知识教育,为乡村治理和建设培养直接应用型人才。韩国始终把加强教育作为发展乡村的头等任务,提升了乡村人口的综合素质,有利于促进村民对于乡村治理的参与能力和实践能力,有利于更好地落实韩国政府关于乡村发展的政策措施。

2. 推进乡村分类发展

韩国政府在推进新村运动的过程中,进行了许多创新性探索,上文提到的推进乡村分类发展就是其中的一个效果比较明显的例子。根据乡村发展实际,将乡村分为基础村、自助村和自立村三种类别,根据类别不同，推进的重点也不一样，进而制定的支持政策和激励措施也会有区别，从而使政府的各项措施更加具有针对性。三种不同的乡村类型有以下特征：基础村的重点在于培育自助精神，持续改善生活环境；自助村的重点在于通过改良土壤、疏通河道等强化基础设施建设，进一步改善村镇结构；自立村的重点在于发展乡村工业、畜牧业和农副业，通过制定生产标准❶。通过对乡村进行分类和实施个性化政策措施，乡村不同的发展需求得到了满足，并取得了充分发展。

3. 激发村民参与乡村治理的内动力

韩国乡村治理注重从农民的意愿出发，尊重村民的生活习惯和风俗，在此基础上激发其内动力。韩国的乡村治理实践力戒"一刀切"政策，并不是所有的乡村都因循守旧地执行一种基层政策，而是根据村民的需求来制定不同的政策。例如，对有些村民利用血缘和亲缘进行聚集提供便利和支持，不但获得村民的拥护，还使政府对乡村的政策得到更好的贯彻。此外，乡村发展的每一步都是首先要求村民自己有发展的意愿，然后政府再给予适当的推进。例如，乡村确定的每个工程都必须是与村民切身利益相关的，并且都是经过专家周密研究后设计实施的，效果立竿见影。韩国通过灵活机动的乡村治理政策，提高了乡村治理的活力。

（二）对我国的借鉴意义

从韩国乡村治理概况来看，韩国的行政体系和乡村治理结构与我国相似，因此相对来讲更具有可比性和借鉴性。通过韩国地方政

---

❶ "建设新农村的国际经验"，载《中国报道》2006年第12期，第35页。

府对乡村治理实施的全面负责制，韩国更好地实现了治理权和治理资源重心的下移。从韩国的治理特色即新村运动实施的角度来说，其乡村治理主要呈现了政府主导、注重差异、重视教育和强化激励等特点。

从借鉴的角度来看，首先，我国应该在治理资源下移方面做更多的尝试，而治理资源下移是党的十八大以来乡村治理的一个重要特征。例如，我国增加在乡村地区的投入力度，以及在广大农村地区选派驻村第一书记等都取得了一定的效果。同时，可以吸收借鉴韩国关于治理资源下移的具体做法，在提高基层政府乡村治理权限方面做出更多的探索。其次，在政府主导的前提下，注重乡村的差异，尤其是尊重不同乡村的风俗和习惯，制定灵活的政策。我国的政策在很多情况下倾向于实行全国统一的无差异化政策，可以参照韩国乡村治理经验进行更多的个性化的政策研究与实施。最后，我国要实现乡村有效治理，必须借鉴韩国强化乡村教育投入的做法，只有提高村民的整体综合素质，才能源源不断地为乡村治理提供智力支持。

第四节　国际经验对我国乡村治理现代化的启示

通过总结和探讨美国、日本和韩国三个国家的乡村治理的主要做法和成功经验，不难发现乡村治理既有本身需要遵循的基本规律，也要充分发挥创新思维的作用。综合来看，各国在乡村地区有着不同的政党、政权、经济和民间社团组织形式，为我国乡村治理现代化提供了有益借鉴，主要有三个方面启示。

一、必须确保城乡均衡发展

城乡之间的非均衡发展，会自然导致城乡走向两极，一方会过度繁荣并产生新问题，另一方则过度衰败和萧条。从西方国家城乡发展的轨迹可以看出，城乡具有一定的自动均衡规律，具体可以描述为："在一个国家城市化早期，人口的流动主要是由乡村向城市流动，且这种流动是单向的；当城市化达到一定的程度后，开始出现郊区化，即所谓的逆城市化的倾向"❶。随着越来越多的人聚集在郊区，郊区就开始出现城市的特征，原本的城市与郊区会渐渐融为一体，大都市化便随即到来，城乡之间的人口流动开始不易被察觉，从而进入一个新的阶段，即动态平衡阶段。动态平衡主要是指"整体上城乡人口是稳定的，但事实上城乡之间还存在双向人口流动，只是这时双向流动的人口互相抵消，实现了均衡"❷。总体上来讲，实现城乡人口流动自动均衡和促进城乡均衡发展有一个重要前提就是城乡一治，即乡村与城市在法律地位、居民政治权利和治理模式等方面保持大体一致。

以美国为代表的西方国家实行城乡一治，成为保持城乡均衡发展的一项卓有成效的措施，极大地缩小了城乡之间的差距。美国政府通过在乡村地区发展小城镇，以点带面，整合了城乡资源，实现了城乡联动发展。虽然"城乡一治"在我国不具有普遍性，但是我国可以借鉴其中的一些好的理念和方式。一方面，通过城乡一治，提高乡村地区在整个国家治理体系中的地位，简化行政层级，可以

---

❶ 祁勇，赵德兴：《中国乡村治理模式研究》，山东人民出版社，2014，第52页。
❷ 祁勇，赵德兴：《中国乡村治理模式研究》，山东人民出版社，2014，第53页。

使中央政府或者省政府对乡村的补贴中减少中间环节,使乡村自治更少地受到上级政府的某些不正当干预,使村民真正受益。另一方面,我国现实中一般是乡政府的财权由县管,农村的财权由乡政府管,乡村两级缺少实质性的独立财政。同时,我国乡村没有像美国乡村基层政府发行地方债券的权力,导致我国乡村财力不足,成为制约乡村治理成效的重要因素之一。通过城乡均衡发展,赋予乡村政府更多的财政权,可以成为我国解决乡村基层政权经济困境的选项之一。

二、必须保障治理主体的社会化参与

如果没有社会化参与,不发挥社会组织的作用和引入社会资本,乡村治理现代化就会缺乏联动力。农村老龄化、空心化、家庭离散化的发展趋势,并没有从根本上发生改变。村庄人去地荒,乡村失去了生机,这种现象也是较为常见的,这给建立现代农村治理体系带来了不小的挑战和难度。在这种挑战下,如果单独依靠基层政府和农民的力量进行乡村治理,在没有广泛社会组织参与的情况下,乡村治理很难形成合力和取得实质进展。

日本和韩国在乡村治理的实践中,同样曾经面临这样的问题,两国的做法启示我国必须保障治理主体的社会化参与,因为农村多元化社会组织在乡村治理中的经济、社会事务中发挥调解、沟通、协调作用非常重要。在日本,农协建立了全国规模的服务体系,在农业农村现代化以及保护农民权益方面发挥的作用非常明显,同时日本农协得益于其在全国范围内三层管理体制的健全,有力地促进了先进科技、工业生产、农业知识和现代管理经验在日本乡村地区的推广和普及。而韩国在新村运动中，也成立了农协组织，这些农协互联互通形成合力，成为以农业、农村和农民为主要服务对象的综合社会力量，与政府、农民共同参与乡村社会治理，向农民提供生产资料购买和技术经营等指导。因此，无论是日本还是韩国，以农协为代表的社会组织都发挥了政府无法发挥的作用。

从它们的经验来看，要更好地实现乡村治理现代化，推动社会化治理就成为必由之路。因此，对于乡村治理中的社会组织而言，今后需要努力的方向除了增加数量外，更多的是要进一步提高质量，同时给予社会组织更高的地位，这样才能够引起乡村居民的重视，进而增加他们的参与度。客观地讲，当前我国的社会组织在乡村地区还面临很多问题，诸如规模不够大、规范程度低、人员配备不齐全等，但解决这些问题最核心的是村两委和村民在这方面的理念和意识，必须突破制约乡村发展的"一亩三分地"的传统思想，只有通过社会组织的力量让乡村资源与周边甚至外部市场充分互动起来，乡村发展的束缚才有可能被解开，才会实现乡村的跨越式发展。

三、必须充分发挥政府的主导作用

通过仔细研究三个国家乡村治理的主要做法，尤其是关于乡村治理现代化的历程，可以得出一个明显的结论，即政府在其中扮演着重要角色并起到了主导作用。政府的主导作用体现在乡村治理的各个方面，主要体现在乡村规划的制定、对治理体制机制的建设和对乡村法治化的推进，这对于乡村治理科学化、制度化和法治化有着不可替代的功能。

首先，政府在乡村建设的规划方面发挥主导作用。例如，韩国的新村运动，从实施之初政府就高度重视乡村的合理规划，乡村治理做到了规划先行，为新村运动的不同阶段的任务目标做好科学可行的规划方案，为保障不同乡村因地制宜发挥特色优势提供了依据，使治理水平更加科学化。其次，政府在推进乡村治理体制机制建设方面发挥主导作用。例如，美国为确保乡村发展政策的顺利实施，专门成立乡村发展署，替代原有的农业研究和商业中心开展乡村治理相关工作；又如，韩国为了支持新村运动，政府成立了新村运动特别委员会以及覆盖全国的地方机构，专门领导全国的新村运动，保障整个乡村治理体系的制度化和高效运行。最后，政府在乡村法治建设方面发挥主导作用。例如，美国政府尤其重视完善乡村法律体系和规章制度来解决乡村的深层次问题，日本也注重通过完善《农业基本法》和《山村振兴法》等来促进乡村地区的发展。我国需要加快通过法治手段促进乡村治理的发展，使我国乡村治理由传统的行政推动为主向法治化过渡。

第四章　新时代乡村治理现代化面临的主要问题

党的十八大以来,我党以强有力的改革措施推动乡村治理变革,在乡村建设的各个方面不断取得新的伟大成绩。但不可否认的是,由于乡村建设一直是我国经济的短板,乡村治理水平与现代化的目标仍然有较大差距,还有不少急需破解的难题,这其中既包括乡村治理面临的一些现实挑战,也包括若干治理本身的内部困境。将新时代乡村治理过程中面临的主要问题进行认真梳理剖析,对于统一认识、找准方向、进而推进乡村治理现代化具有很强的现实意义。

第一节　新时代乡村治理现代化的现实挑战

进入新时代,我国乡村治理的外部环境发生了很大改变,如社会的转型、区域发展不平衡、产权制度的改革和社会阶层的变化等。虽然这些因素没有直接作用于乡村治理本身,但是给乡村治理结构以及治理现代化的道路增加了复杂性和不确定性,对乡村治理体系和治理能力提出了新的要求,因此处理好这些现实挑战尤为重要。

一、社会转型的挑战

（一）封闭社会向开放社会转型

从我国乡村治理的发展历程可以看出，在过去相当长的一段时期内，乡村社会具有自身固有的特征，我国乡村治理相对处于比较封闭的状态，与城市形成了比较明显的边界。传统乡村基本上是一个"稳固的乡村共同体"，是一个"知根知底的熟人社会"和"人情社会"，村民都有固定的习俗和传统文化来支撑乡村社会的运转。在乡村，经济困难有时并不是最痛苦的，没有良好的乡村人情更会寸步难行。计划经济时代给乡村留下的最大烙印就是生产队的集中统一管理，村民习惯了一切事物都由所谓的"大队"出面协调解决的思维，导致广大乡村的很多村民时至今日仍然没有完全从这种思想中走出来。随着市场经济的发展，乡村社会生活的组织方式、乡村社会结构和村民的利益格局都开始出现一系列的变化，乡村封闭的自我循环模式随着人口的流动、市场的扩散和科技的革新而被打破，大量的农业人口离开赖以生存的土地而进入第二、第三产业，之前自给自足的农村经济模式已经融入市场经济的体系中，先进的科技手段也使农民更加方便地了解乡村以外的社会。在乡村从封闭走向开放的过程中，新型城镇化、工业化和信息化高速发展，乡村受益于这种开放，乡村生产力得到极大提高，乡村治理结构也在不断变化调整。当前在乡村振兴战略实施的新时代背景下，农村正处于社会阶层分化、文化结构失衡、经济制度变革、治理体系转型的过渡阶段，这些构成农村社会、文化、经济、政治等全面转型的主要内容❶。这直接促进了乡村社会由封闭向开放的转型。但是，封闭社会向开放社会的转型，使传统的以乡政府和村两委为主的管控型治理模式作用逐渐弱化，不再能适应乡村社会发展的趋势。

这种转型为乡村治理带来的主要挑战在于以下三点。一是乡村"熟人社会"的降解，越来越多的年轻人外出求学工作，致使熟人社会中人与人之间的熟悉度逐渐降低。二是规模巨大的青壮年农民工，除了过年过节或者处理紧急事务外，几乎都是在城市，虽然这些农民工群体是农村户口，但是跟户口绑定的很多权利和义务都无法享受或者履行，导致乡村治理在很多情况下缺乏权利主体。三是相当一部分乡村人口为了给子女提供更好的教育，开始在城市购房并长期居住，基本脱离了乡村生活。以上这些现象都导致乡村的社会结构发生重塑。

不言而喻，在乡村由封闭社会向开放社会的转型过程中，乡村的人员结构、产业结构，甚至其土地制度和住房制度都在潜移默化地发生着改变。这种改变对乡村治理提出了新要求，尤其是在乡村开放和变化过程中如何将治理的体制机制做到与时俱进，如何通过现代化的治理理念来应对，成了乡村治理的当务之急。

（二）城乡二元结构向城乡一体化转型

与美国、日本、韩国等发达国家已经基本实现"城乡一治"的状态不同，我国乡村与城市之间具有明显的二元结构，在这种二元结构框架下，乡村和城市发展呈现出完全不同的发展趋势。值得一提的是，我国的城乡二元结构很大程度上是由户籍制度所导致，"人

---

❶ 林星，王宏波：《乡村振兴背景下农村基层党组织的组织力：内涵、困境与出路》，载《科学社会主义》2019年第5期，第117页。

户分离"现象曾经普遍存在，结果是产权归属不清晰、分配制度不公和公共服务非均等化长期存在。我国著名社会学家费孝通先生曾尖锐指出："乡村和都市应当是相成的，但是我们的历史不幸走上了使两者相克的道路，最后竟至表现了分裂。这是历史的悲剧，我们决不能让这悲剧再演下去。"❶ 随着2014年国务院印发的《关于进一步推进户籍制度改革的意见》的出台，提出建立城乡统一的户口登记制度，以"农业"和"非农业"来区分户口性质的做法退出历史舞台，城乡二元结构向城乡一体化转型加速。

与此同时，这种变化为乡村治理带来了新的挑战。实现乡村治理的现代化，必须对城乡进行统筹研究，尤其是要建立既符合城市又符合乡村发展规律的治理体制，构建符合城乡发展趋势的党建格局。针对如何构建新型现代化城乡基层治理结构，有学者认为，统筹城乡综合配套改革背景下的县、乡、村治理结构改革模式应该是：强县—简乡—联村。即"以城带县—以县促乡—以乡领农"的城乡三位一体发展格局❷，从而实现县、乡、村优势互补。关于打造新的城乡统筹的基层党建格局，中央农村工作领导小组原副组长陈锡文认为，必须适应城乡生产要素自由流动、重新组合的新趋势，必须适应以城带乡、互相促进的新要求，必须加强资源整合、建立起有效保障工作经费的新机制❸。因此，新时代乡村治理现代化必须充分考虑城乡一体化对于治理带来的复杂局面，统筹做好治理工作。

---

❶ 费孝通：《乡土中国·乡土重建》，群言出版社，2016，第133页。
❷ 尹希果，陈彪："论统筹城乡综合配套改革试验区的基层县乡村治理结构改革"，载《经济体制改革》2010年第4期，第85页。
❸ 陈锡文："构建城乡统筹的基层党建新格局"，载《学习与研究》2009年第10期，第90–93页。

（三）经济旧态势向新常态的转型

我国各项事业取得的历史性成就离不开经济的快速发展。但与此同时，这种旧态势下所表现出来的相对注重增长速度的粗放型增长方式也面临着很大瓶颈，增长质量不高一直是亟待解决的难题。党的十八大以来，我党聚焦新发展理念，更加注重经济结构转型升级，经济发展进入新常态。习近平同志在2014年河南考察时，首次提及"新常态"这一概念，并于当年11月的APEC会议上对其进行了详细论述，将经济新常态的特征总结为"一是从高速增长转为中高速增长。二是经济结构不断优化升级，第三产业、消费需求逐步成为主体，城乡区域差距逐步缩小，居民收入占比上升，发展成果惠及广大民众。三是从要素驱动、投资驱动转向创新驱动"❶。

经济旧常态向新常态的转型对乡村治理现代化提出了新要求。在旧常态中，由于经济基础差、人民收入水平低，乡村经济发展的头等任务是扩大乡村整体的经济体量，满足乡村人民基本的吃穿住用行等需求。进入新常态，人民的需求已经发生了从量变到质变的转变，由对基本生活的需求转向对政治、经济、社会、文化、生态等全方位美好生活的需求。与旧态势相适应的乡村治理体系，更多地体现在乡政府和村两委对乡村的计划性管理，实现乡村阶段性任务。在新常态下要实现乡村更好地发展，必须创新乡村治理的思维和转变乡村治理模式，坚持以人民为中心和新发展理念，使治理的主体、方式和目标与经济新常态相适应，使乡村治理体系更加完善。

---

❶ 习近平：《谋求持久发展 共筑亚太梦想——在亚太经合组织工商领导人峰会开幕式上的演讲》，《人民日报》，2014年11月10日。

二、区域发展不平衡的挑战

我国地域广大，区域发展不平衡是地域经济状态的一个显著特征。东西部地区发展差异较大，东部沿海地区具有独特的区域优势，更直接地受益于对外开放政策，城镇化和市场化较早，成为我国经济相对发达的地区。同样地，东部乡村受益于优越的地理优势和开放先机等，农村经济快速发展，尤其是江浙沿海一带乡村已经出现并形成城乡一体的城市带，乡村被纳入城市带中发展。相比之下，大多数中西部地区乡村依然呈现出以农业为主的产业形态，虽然近年来也取得了长足的发展，但是与东部发达地区乡村相比差距较大，仍然属于经济社会发展相对落后的地区。在这一大背景下，由于区域发展水平不同，我国乡村明显呈现出东部和中西部的二元结构，即东部沿海发达地区的农村和中西部一般农业型地区的农村。

乡村发展的区域分化使乡村治理的基础迥异。就东部发达地区的乡村而言，乡村治理的社会化程度较高，除了乡村两委以及村民外，民间组织尤其是乡村中的富裕企业家在治理中发挥重要甚至主导作用，企业家之间的竞争或者联合决定了乡村治理的基本面貌。例如，东部沿海地区的乡村干部多由乡村企业家担任。一方面他们与普通村民相比更具备发展乡村和统筹协调的能力；另一方面他们可以统筹企业和乡村发展的关系，实现企业和乡村互相促进和共同发展。在我国中西部乡村地区，广泛的普通农业型乡村由于没有与城市形成结合体，乡村里市场经济渗透程度较低，从而经济发展和就业机会都相对少很多。在这些乡村，农业现代化水平较低，缺少规模经营，社会治理模式比较单一，总体处于人口流出型乡村社会形态。东部地区和中西部地区的这种巨大反差给我国乡村治理现代化的开展带来了挑战，必须基于乡村发展的客观实际确定现代化的不同阶段目标。

就乡村治理现代化的短期目标而言，东部发达地区与中西部地区也有所不同。对于东部发达乡村，面临的基本问题主要包括早期粗放发展带来的资源低效利用、前期缺乏科学规划造成的发展受限，以及针对外来人口的公共服务能力不足等，因此其乡村治理现代化的主要目标在于进一步健全党领导乡村的体制机制，进一步促进乡村治理的法治化、专业化和智能化，进而升级发展模式、科学规划乡村建设以及提高公共服务能力等，通过现代化治理使乡村变得更强、更富、更美。对于中西部乡村，由于治理基础相对较差，乡村人口受教育水平普遍较低，思想和视野也相对封闭，面临的基本问题是如何解决人口空心化的问题，因此其乡村治理现代化首要解决的问题是通过基础设施的完善和公共服务的健全，进而发展乡村产业和吸引人口回乡，全面提升人的现代化。

三、土地产权制度改革的挑战

党的十八大以来，我国围绕构建归属清晰、权能完整、流转顺畅、保护严格的中国特色社会主义农村集体产权制度，不断推动改革，取得了一系列历史性突破。2014年出台党的十八大以来第一个涉农重大改革试点方案《积极发展农民股份合作赋予农民对集体资产股份权能改革试点方案》。2016年，中共中央、国务院印发了《关于稳步推进农村集体产权制度改革的意见》，对改革做出了顶层设计。党的十九大报告提出，"巩固和完善农村基本经营制度，深化农村土地制度改革,完善承包地'三权'分置制度。保持土地承包关系稳定并长久不变,第二轮土地承包到期后再延长三十年"❶,为产权制度改革指明了方向,这开启了"以土地确权和流转为核心的新一轮土地产权制度改革,重构集体经济有效实现的产权基础,激发了集体经济的效率,增强了集体经济实力"❷。土地产权制度改革尤其是"三权分置",充分体现了社会主义制度的优越性,是习近平新时代中国特色社会主义思想关于解决"三农"问题的重要内容,为乡村振兴激发了活力。

  从乡村治理的视角来看,土地产权制度的改革在很大程度上决定着乡村治理的成效。治理是产权结构变动的原因,产权是实现治理意图的工具❸。我们也应该认识到,土地产权制度改革会触碰乡村社会各阶层的利益,需要协调好乡村治理各主体之间的关系,需要一个更加完善的乡村治理体制来解决可能引发的社会矛盾和问题。

  乡村治理必须应对好土地产权制度改革过程中村两委、村民和企业之间的关系。第一个难题是村民的主体地位和合法权益是否能够得到充分保障。企业通过参与土地流转经营成为乡村治理的一环,是"三权分置"制度最直接的作用之一,有闲置土地的村民希望将土地进行流转以获得收益,而企业具有更专业的经营和管理能力。在这种情况下就要充分考虑村民对于流转土地的意愿,不能单纯为了追求整个村的经济效益而过多牺牲少数村民的利益,否则极易引发纠纷甚至群体性事件。第二个难题是村两委在土地产权制度改革

---

  ❶ 习近平:《决胜全面建成小康社会 夺取新时代中国特色社会主义伟大胜利》,人民出版社,2017,第32页。
  ❷ 陈军亚:《产权发展与集体经济的效率差异》,载《江汉论坛》2015年第2期,第21页。
  ❸ 黄涛,朱悦蘅:《农村产权制度变革与乡村治理研究》,商务印书馆2018,第46页。

的过程中如何发挥好应有的作用。在很多乡村，村支部书记往往还担任合作社的社长，这就导致村委会除了发挥乡村治理的领导作用和服务作用外，很容易利用行政手段去插手经济合作社，与企业进行经济往来，出现管控过多的现象，伤害村民的正当利益。第三个难题是如何确保企业与村民形成良性互动的利益共同体。"三权分置"改革的初衷是为了盘活闲置土地，使企业和村民的利益最大化，但实际执行过程中，村民将土地流转出去之后，失去了对土地的经营管理权，在面临纠纷和矛盾的时候，由于自身的条件所限，很可能在谈判或维权时处于劣势，这就给乡村治理提出了新要求。要完善村委会在村民和企业之间的协调机制，根据改革的需要完善法律在土地流转过程中的规定，使乡村治理的社会化在法律的框架下得以顺利进行。

乡村治理必须着力解决土地产权制度改革可能引发的乡村空心化加重的问题。土地是村民的安身立命之本，是村民最重要、最核心的资源。在乡村一体化的背景下，产权改革中经营权的流转客观上会促使村民在将承包土地流转给企业或者经济合作社的同时，更多地选择进城工作。尤其是对于农村的青年而言，在子女入学问题逐渐得到解决后，更加倾向于在城里置业安家。不可否认的是，土地流转一方面解决了闲置土地问题，释放和发展了生产力；另一方面也加速了乡村经济结构的调整和乡村劳动力的单向流动，产生越来越多的空巢老人。乡村治理现代化解决的主要问题之一就是留住人才和劳动力，使乡村主体多元化、社会化，使乡村治理水平更加专业化。为了确保乡村发展的走向与产权制度改革的目标相一致，就必须解决好乡村空心化问题，因为没有人才和劳动力，乡村治理现代化就没有了主体。因此，在产权制度改革的背景下，如何统筹好顶层设计和各地实际探索,用现代化的治理理念和管理方式发展好乡村产业,吸引人才回流返乡,成为当前乡村治理过程中面临的重要问题之一。

四、乡村社会阶层变化的挑战

近年来,乡村生产方式和生活方式的深刻变化,导致乡村的基层出现明显分化,乡村里新的社会阶层逐渐形成,不同阶层对于乡村治理的利益诉求不尽相同,这给乡村治理现代化带来了全新的挑战。

当然,这种阶层的划分不是绝对的,但是根据乡村的现阶段社会发展情况,大致主要有农村企业主和商人阶层、新型职业农民阶层、农民工阶层、农村干部阶层、传统农民阶层。❶ 农村企业主和商人阶层起源于 20 世纪 90 年代乡镇企业蓬勃发展时期,这个时期农村出现了乡镇企业主,并且随着我国市场经济制度的不断完善,若干优质的乡镇企业发展成为现代企业,形成了农民企业主和商人阶层。这一阶层人数较少,他们中大多数在乡村发展过程中发挥了积极作用,促进了乡村治理中的制度创新,进而使乡村治理体制适应乡村现代企业的发展,但也有一部分利用身份优势攫取乡村土地和矿产资源,这应该引起高度重视。新型职业农民阶层受益于国家近年来对养殖大户和家庭农场等新型经营主体的支持鼓励和优惠政策,在 2018 年全国农村新型职业农民超过 1500 万人。❷ 这其中既包括经营实力强的合作社把分散的农户组织起来形成一种专业力量,也包

---

❶ 范拥军:《乡级治理现代化研究》,中国社会科学出版社,2018,第 90 页。
❷ 国家发改委:《农村一二三产业融合发展年度报告(2017 年)》,2018 年 4 月 19 日,转自央广网,https://baijiahao.baidu.com/s?id=1598234099581845409&wfr=spider&for=pc(访问时间 2020 年 2 月 3 日)。

括家庭农场和养殖大户。合作经济和家庭农场代表着乡村发展的未来方向。农民工阶层主要是由于城乡发展不平衡所致,以青壮年为主,主要表现为大规模农村人口向城市流动,从区域上看主要是从内地向沿海流动。这一阶层的人生活在城市,但是家在农村,打工收入是家庭收入的主要来源。农村干部阶层也被称为乡村中的政治精英,主要由村支部干部和村委会干部组成,一般行政村有5~8名村干部,占农村人口的0.8%~2%。这一阶层是党和国家政策在村级的执行者和推动者,乡村治理的成败与这一阶层紧密相关。传统农民阶层延续了家庭联产承包责任制的经营方式和生活方式,主要依靠经营土地种植和饲养家畜等维持生活。这一阶层或由于能力低下无法外出打工,或由于需要照顾老人、孩子无法脱身,成了乡村里经济条件较差、社会关系简单、乡村话语权较少的弱势群体,是乡村治理过程中需要关心的主要对象。

总之,农村社会阶层已经发生了巨大变化,各个阶层之间有着不同的资源获取方式、生活和工作方式、价值取向和利益诉求。因此,在乡村治理过程中如何构建现代治理体系,使各个阶层都能够享受到政策带来的红利,如何协调好各方的关系,促进平衡发展和充分发展,如何健全民主法治,发挥和调动各个阶层多元主体的主观能动性,是新时代乡村治理现代化面临的挑战。

第二节 新时代乡村治理现代化的内部困境

经过多年努力,无论是顶层设计还是基层探索,无论是国内实践还是国际经验,都为我国乡村治理现代化奠定了一定的基础。进入新时代,随着国家对乡村振兴战略的实施,广大村民对农业农村现代化有了更大的期待和憧憬,这就要求我们必须构建多元、民主、法治、科学的现代化乡村治理体系和高效的治理能力。乡村治理由于受社会历史条件的制约,自身制度建设和能力建设与现代化的治理要求有很大差距,主要表现在部分基层党组织乡村治理领导力弱化、乡村治理体制机制不完善、"自治、法治、德治"融合力度不够、乡村治理主体现代化能力不足等。与面临的现实挑战相比,这些因素是导致乡村治理现代化受阻的内部困境,制约了乡村各项事业的发展。

一、部分基层党组织乡村治理领导力弱化

目前,由于乡村经济社会环境的巨变,部分乡村基层党组织发展陷入比较困难的状态,需要抓紧研究和摸索"强身健体"的路径。具体表现在以下两个方面。

(一)农村基层党组织战斗堡垒作用没有充分发挥

农村基层党组织是党领导乡村工作的核心力量,是实现乡村振兴战略和乡村有效治理的领航者、推动者和实践者,是促进乡村治理体系和治理能力现代化的决定性因素。近年来,有些地方城乡发展不平衡、乡村发展不充分,这严重影响了乡村治理的有效开展,也给乡村基层党组织带来了挑战。作为乡村治理的主导力量,农村基层党组织始终是党密切联系群众和其他社会主体的桥梁和纽带,基层党组织的战斗堡垒作用是否能够充分发挥直接影响到党的方针政策在乡村地区的贯彻和落实,影响党在乡村治理过程中核心作用

的发挥。当前有些地方农村基层党组织战斗堡垒作用不能得到充分发挥，主要有几方面的原因：一是自身组织建设和执行力度不够。少数党组织不认真落实党支部工作原则，召开党员会议和委员会议时不规范、不严肃、力度不够坚决，出现了"时间难协调、场所难固定、人员难集中、效果难保证"的现象。[1] 在基层党组织长期涣散的环境下，党员的党性意识和组织观念就会淡化，党内活动和思想汇报等就容易产生形式主义，进而严重削弱党组织的凝聚力和战斗力。二是党的核心价值理念的宣传过于"空泛化""程式化"，不利于乡村党员入耳、入脑、入心。农村党员干部队伍年龄偏大、文化偏低、能力偏弱的现象比较突出，农村党员中50岁以上的和初中文化程度以下的占比较大，他们不善于主动学习新知识和新理念。对于平时忙于生计的乡村党员来说，要让他们理解党的核心理念和大政方针，需要"活学活用""生动具体"，这样便于理解和记忆。因此，党的政策方针的宣传是否真正能够深入乡村千家万户，是目前乡村治理需要解决的一个重要课题。三是农村党员干部服务意识不高，联系服务群众难。部分农村党员干部服务意识淡薄，引领乡村治理和服务群众本领不强。目前在我国农村"官"与"民"的互信度仍有待提高，代表着"民"的广大村民对代表着"官"的基层政府和村两委缺乏信任。

有些地方农村基层党组织和村委会职能定位模糊，影响了其战斗堡垒作用的发挥。这主要体现在两个方面：一方面，现实中一些乡村两委关系纠缠不清，村两委的领导权和自治权界定不清晰，甚至发生严重矛盾和碰撞，其中一个深层次的原因，就是对基层党组

---

[1] 郭元凯，谌玉梅：《组织振兴：构建新时代乡村治理体系》，中原农民出版社、红旗出版社，2019，第121页。

织在乡村领导作用的误解以及传统的惯性。这既需要对乡村党组织的领导作用进行与时俱进的界定和说明，也需要持之以恒地推进党的自身改革，在运用民主的方式去发挥领导作用上有更多积极的探索。❶ 另一方面，乡村基层党组织缺乏管理集体经济的法律依据。过去农村基层组织是"党、政、经"三位一体的组织，具有管理集体经济、行使集体土地所有权的权力。在《中华人民共和国村民委员会组织法》实施后，行政管理权回归村委会，实行村民自治。在新一轮"两权确权"过程中，农村基层党组织管理经济的权力被剥离，失去了合法领导经济工作的权力。因此，乡村基层党组织的领导权缺乏具体的法律依据，领导权的行使缺乏依法运作的空间。

（二）乡级政权党委的乡村社会控制力有待增强

乡村治理的主要推动力量主要有乡政府、村党支部和村委会共同组成，乡级政府作为国家政权组织体系的最基层单位，在落实党和国家的乡村政策、推动乡村改革和促进乡村发展方面发挥着不可替代的作用。尤其是乡级党委，在乡村治理过程中扮演着统揽全局、协调各方的重要角色。然而，随着我国新型工业化、信息化、城镇化和农业现代化的快速发展，乡村社会正在经历方方面面的转型，导致有些地方乡级政权手中的各类治理资源减少，对乡村社会的控制力也随之减弱。

财权的减弱间接影响了乡级政权党委对乡村的控制力。在取消

---

❶ 李建兴："乡村变革与乡贤治理的回归"，载《浙江社会科学》2015年第7期，第82-85页。

农业税之前，乡政府的运转主要是靠"三提五统"❶等费用来维持，通过税收和提供公共服务等对基层农村和村民保持着很大的影响力。但是在取消农业税之后，相当一部分乡级政权的财政来源主要是依靠国家的财政转移支付，导致正常收入和支出锐减，与此同时，考虑到农村的义务教育和乡级道路建设等都需要乡级财政列支，乡级政府的事权和财权出现不对称的情况，一定程度上影响了干部的稳定，也疏远了乡级政府和村民之间的关系，也就间接影响了乡级政权党委对乡村的控制力。

部分乡级政权党委自身定位不清晰弱化了对农村社会的凝聚力。根据国家关于政权划分的规定来看，村民委员会是一级自治组织，不属于行政组织，乡政府具有"指导、支持和帮助"村委会管理村务的职责，与村委会应该是指导和协助的关系。但是在实际情况中，乡级党委经常缺乏对自身职能的准确定位，对村民自治组织的运作和乡村事务的开展进行直接的干预，造成部分乡级政权党委和乡政府与村民自治组织之间的矛盾不断加深，使村民对乡级党委的信任度减弱。

二、乡村治理体制机制不完善

前文已经提到，乡村治理"体制"主要是指国家行政组织机构、村庄和企事业单位之间以及内部等组织机构设置方式、权力监督和

---

❶ "三提五统"是2006年农业税取消前的一个历史名词。所谓"三提"，是指农民从生产收入中上交给村一级集体经济组织的费用的总称。"五统"则是指村民按照规定上交给乡镇一级政府的五项内容的统筹费用。

运行以及权责划分的模式。❶ 而"机制"主要指通过某种协调模式把各个部分有机地融合为一个整体,使他们发挥体制上的功能,具体来讲,就是在治理的过程中,治理主体通过某种方式把广大农民、社会组织和行政机构等有机地组织起来,充分发挥他们的多中心主体作用。❷

乡村治理体制机制不完善主要体现在多元主体共治体制亟待建立、乡政府职能越位缺位、"四个民主"发展滞后、矛盾解决机制不健全等四个方面。

(一)多元主体共治机制亟待建立

乡村治理主体是指参与乡村治理实践的政府和各个利益相关者及其制度和结构形态。当今乡村社会,关于乡村治理主体的概念"可以分为体制性主体和非体制性主体,前者包括乡镇政府、村两委、村民代表大会和村民,后者包括各种农民组织、各种宗族势力和农村非体制精英"❸。如果从组织的主导模式角度来划分,乡村治理主体可以"区分为以村两委为代表的正式行政组织、以企业为代表的(如华西村)正式经济组织、以个人或宗族势力为代表的非正式组织"❹。多元共治是乡村治理现代化的显著特征之一,是乡村社会多元化发展的内在要求,是乡村村民自治的重要补充和更好地实

---

❶ 邱春林:《中国共产党农村治理能力现代化研究》,山东人民出版社,2017,第231页。

❷ 邱春林:《中国共产党农村治理能力现代化研究》,山东人民出版社,2017,第234页。

❸ 任艳妮:"乡村治理主体围绕治理资源多元化合作路径探析",载《农村经济》2011年第6期,第19页。

❹ 冯兴元,柯睿思,李人庆:《中国的村级组织与村庄治理》,中国社会科学出版社,2009,第58页。

现乡村自治的推动力量。我国乡村正在从传统型熟人社会向现代社会转型，尤其是随着市场经济的快速发展，各种市场主体不断成熟，社会组织和团体发展较快，多元共治呈现良好势头。

但是由于历史和现实的一些因素影响，我国乡村一时还难以完全摆脱集权的治理方式思维的束缚，乡村治理主体仍然相对单一，村民、社会组织和企业等治理主体缺乏参与治理的体制机制保障，很多地方基本上是乡政府和村两委唱"独角戏"，乡村社会各主体没有形成合力，导致乡村自治中的村民力量稍显单薄。

首先，乡政府和村两委部分干部缺乏乡村多元共治的概念，习惯了以行政手段进行管理，缺乏民主意识和为村民服务的意识，对于"问计于民、问需于民"的优良作风没有内化于心、外化于行。

其次，村民政治参与性和自觉性不高，尤其是村民主动参与到乡村自治中的很少，当然，这在全球范围内来看都有一定的普遍性。有学者指出：真正出于自主意识自愿参加投票、选举等国家政治生活的公民所占比例一直不高，尤其是农民，无论是政治参与的次数还是参与程度都很低。[1]

最后，各治理主体尤其是社会组织和企业缺乏健全的乡村治理参与体制和参与机制。经过多年的乡村治理实践，宪法和法律以及一些村规民约对有关村民参与治理的制度和方式的规定不断完善，但是针对蓬勃发展的新型社会组织和企业等如何参与到乡村治理中来缺乏具体、明确的规定，导致实际运作过程无所适从。

多元共治机制的缺失导致了治理主体的缺位，从而不能将所有的治理主体的能力实现最大化，这样也制约了乡村村民自治作用的

---

[1] 赵国宝：" 政治冷漠与农村民主政治发展"，载《中共宁波市委党校学报》2004年第2期，第41-43页。

充分发挥。

(二)"乡政"干预"村治"

乡政村治是我国乡村治理实践近四十年来所实行的并且日趋成熟的治理格局,但是有些地方由于"乡政"和"村治"之间的权力界定模糊,导致"乡政"干预"村治"的现象仍然普遍。对此,有学者明确指出:"乡村治理的现实实践屡屡出现偏离村民自治制度安排的情况,乡村治理的实际运作遭遇种种难题和挑战,出现了一系列突出的矛盾和问题,阻碍着农村社会的和谐与发展"[1]。

第一个表现是"乡政"干预民主决策。乡镇政府凭借国家授予的指导权以及组织权威等优势,影响村委会的选举和决策。很多地方乡镇政府正是通过这种方式来间接实现对村委会的领导,这在本质上极大地破坏了自治的独立性。此外,乡镇政府还不同程度地参与村委会决策过程,尤其是为了保证一些紧急政策的实施,甚至直接包办"为民做主",这是乡村治理偏离制度设计初衷的典型表征。

第二个表现是"乡政"干涉村庄财务。随着近年来农村集体经济的壮大,农村财政支出体量也逐年增多,不管是乡镇政府还是村民都对村级财务有了更多的关注度。对应乡村治理现代化的目标,村庄财务管理规划性和专业性都有待加强,无论是财务管理制度还是管理人员都没完全适应农村发展的新要求。在这种情况下,部分村级干部利用制度漏洞以权谋私和侵害村民经济利益的现象时有发生。为此,有的乡镇政府实行"村财乡管"或"村财乡监",这就使乡镇政府的手直接伸向了村民自治事务之中,违背了"乡政"指

---

[1] 周挺:《乡村治理与农村基层党组织建设》,知识产权出版社,2013,第33页。

导"村治"的制度设计，这不符合乡村自治长期发展的规律和要求。

（三）"四个民主"发展滞后

乡村自治是广大村民参与乡村社会事务管理的一种直接民主形式，主要内容包括民主选举、民主决策、民主管理和民主监督。但是在我国村民自治的过程中体制本身存在若干问题，不能满足乡村治理现代化的要求。

关于民主选举，这本是最直接反映民意、维护村民利益和激发村民参与乡村治理主动性和积极性的制度设计，但是现实情况中存在着一些明显短板。一是有些地方出现过度竞争或票数分散等问题，这给组织工作带来了很大困难。二是有些地方贿选问题频发，甚至出现对村民尤其是乡村党员直接金钱拉拢的现象，给村两委的形象带来的负面影响。三是村民消极参与，部分地区出现村民政治冷漠现象，尤其是在一些经济比较落后的地区更加常见。

关于民主决策，这是"四个民主"中最核心的环节，关系着政策是否能够得到科学有效贯彻。当前乡村治理过程中，有些地方民主决策也未全面落到实处。一方面，村民参与不到位，村务大多由村两委和主要干部商定，村民大会等议事机构虚化。另一方面，民主集中制没有得到有效贯彻，决策的形成不能充分体现村民的意愿，决策的执行结果也没有相应的责任制约。

关于民主管理，这是乡村自治中的具体落实环节，这方面的制度有些地方还未真正落实到位。一是村民对于建章立制的话语权不足，在制度建设中处于边缘化地位，在制度设计不能充分维护村民民主管理权利的情况下，村民民主管理的积极性再次被削弱。二是相关的村规民约不健全，没有一个全村大多数人认可的共同遵守的准则，加剧了村干部在实施村务管理过程中的随意性，只根据惯例或者个人意愿进行管理。

关于民主监督，这是贯穿"四个民主"整个环节的一项重要功能，目的是防止个别干部或者村民通过不法手段危害村民整体的利益，监督和促进乡村公共权力在阳光下运行。但是有些地方在乡村治理的实践中民主监督方面的短板也比较明显，对村级组织和两委干部进行监督的相关规定被悬置，没有真正执行，同时村务公开贯彻得不彻底，很多村务公开流于形式，缺乏强有力制约。

（四）利益表达机制不健全

习近平同志指出："得民心者得天下，失民心者失天下，人民的拥护和支持是党执政的最牢固根基。人心向背关系党的生死存亡"。[1] 在一个信息化、现代化的社会，民众和社会团体的利益表达机制和矛盾解决机制是维护和实现公民基本权利的有效保障，是科学决策和民主决策的基础，也是现代治理的重要内容，是社会良性互动、和谐稳定的基本条件。正如马克思所指出的："人们奋斗所争取的一切，都同他们的利益有关"[2]。近年来，有些地方乡村社会各种社会问题激增，包括土地问题、产权问题、社会保障问题、干群关系问题等，村民利益表达机制已经不能适应广大村民的需求，长此以往必然威胁乡村社会的长期稳定和发展，影响党和政府的形象。

县乡人民代表大会和村民代表大会是村民利益表达的主要制度安排，但是有些地方由于执行中走样，导致人大代表往往成为一种荣誉和象征，没有真正成为村民利益表达的主渠道。另外一种制度

---

[1] 《习近平谈治国理政》（第一卷），外文出版社，2014，第368页。
[2] 《马克思恩格斯全集》第1卷，人民出版社，1956，第82页。

安排是信访制度，村民通过上访来表达利益诉求，但是有些地方由于信访制度本身设计和运行存在一定缺陷，信访部门本身缺乏事权和处置权，很多情况下只能转交案件，长此以往，甚至出现一些专业上访户混淆视听，对信访机制提出了新挑战，因此信访机制作用的发挥也大打折扣。

事实证明，一些乡村缺乏完善的制度和畅通的渠道来保障村民利益的表达，这容易导致干群关系紧张和对立。近年来发生的一些群体性事件，很大程度上是由于干群关系紧张，同时村民又缺乏有效的利益表达机制所致，从长期看，这必然对党的执政根基带来危害，也不利于乡村治理现代化的实现。

三、"自治、法治、德治"融合力度不够

法安天下，德润人心。在乡村治理中自治是核心，是最基本的制度设计，但是离不开法治和德治的双翼护航。健全自治、法治、德治相结合的乡村治理体系是新时代乡村治理现代化的重要内容。法治和德治在乡村治理中应该互相促进，共同推动乡村自治顺利有效开展。当前，法治和德治在乡村自治中作用不凸显，三者融合力度不够，是乡村治理面临的主要问题之一。

（一）法治对乡村自治的保障作用不到位

法律是国之重器，良法是善治之前提。不容忽视的是，有些地方受长期以来乡村经济社会相对落后、文化相对封闭、在国家体制框架内话语权相对薄弱以及城乡差别没有消除等历史和现实原因制约，乡村法治建设一直相对滞后，目前依然是法治建设最为薄弱的

环节，导致法治对乡村自治没有起到应有的保障作用。

乡村司法体系有待完善。我国司法体系主要由公、检、法、司四大机构组成，这在城市司法体系中已经比较成熟。然而在有些乡村，司法体系仍然不完善。第一，乡村司法所调解机构工作不够有效。目前我国在大部分乡镇都设有司法所，负责乡村基层司法工作。司法所在村委会设有人民调解委员会，负责法院调解之外的社区调解工作。但是乡村法律人才匮乏，基层人民调解员调解水平有限，效果并不理想。第二，乡村司法日常宣传工作不到位。现阶段部分乡村政府在宣传司法功能时没有深入到群众中去，导致村民对司法机构的认识停留在印象中，这也阻碍了司法工作的开展。乡村司法体系没有与乡村自治形成完整支撑机制，削弱了对自治的保障作用。

乡村社会缺乏法治思维。随着我国法治建设的推进，整体国民法治意识不断增强，依法维权意识越来越明显。但是，在我国有些乡村地区，还存在很多缺乏法治思维的人群。一是很多村民受传统文化和人治思想的影响，法治观念淡薄，对法律的认知少之又少，不知晓法律关于自身的权利和义务方面的规定。很多村民不明白参政议政是法律赋予每个公民的权利，民主选举和决策等方面不能完全按照法律规定进行等，导致法治没有得到充分贯彻。二是村干部依法办事的意识不强，法律知识有限，运用法律知识解决村民纠纷的能力和意识比较弱，甚至少数干部在处理村务时手段比较粗暴，以权代法、以言压法。这种缺乏法治思维的现象，直接影响了法治在乡村自治中作用的发挥。三是依法治理执行不规范。不少乡村对依法治理理解有偏差，导致依法治理没有形成常态，基层自治无法可依，乡村自治组织如村民大会、村民代表大会等形同虚设，使乡村自治无法顺利实施。

（二）德治对乡村自治的教化作用不显著

德治对于乡村治理来讲具有重要意义，有利于提升村民的自治水平，也有利于弥补法治的不足，也是全面建成小康社会的应有之义。但是，道德要发挥治理作用，必须与组织相结合，即必须在一定的组织载体上才能够有效运行，也就是说，德治依赖于并通过乡村自治组织发挥作用。但是近年来，随着时代的发展，尤其是市场经济逐渐向乡村的发展，村民的思想观念发生了很大变化，德治对乡村自治的教化作用也逐渐弱化。

思想道德教育需进一步加强。当前，伦理道德、村规民约和风俗习惯的传承不到位，在青少年教育和村民宣传教育方面，缺少对向上向善、孝老爱亲、重义守信、勤俭持家等传统文化精粹的引导，宣传教育手段比较单一，缺乏道德教育的渗透力。

新乡贤文化没有得到充分发挥。2015年、2016年、2017年中央一号文件提出"创新乡贤文化"，以乡情乡愁为纽带激发新乡贤参与故乡建设的热情。2018年中央一号文件明确提出要积极发挥新乡贤作用。传统乡贤是乡村中品德贤良、守法善为的优秀代表，是最了解群众、最能与群众息息相通的"明白人"，维护乡村社会的公平正义。而新乡贤主要"新"在参与治理上，这体现出新乡贤可以独立自主地成为乡村社会事务的治理主体，成为治理多元化的重要一环，是对乡村自治的补充与发展。尽管近年来以乡贤参事会和乡贤调解团为代表的新乡贤参与治理平台广泛成立，但是从全国范围内来看，乡村新乡贤在善治文化传承和促进乡风文明方面的作用还没有充分发挥。

激励约束机制不完善。建立健全道德激励约束机制，对于遵守道德的村民实施有效激励，同时有力约束其道德行为，是加强思想道德建设的重要条件。激励约束机制不完善，导致失德、失信和失范行为无法得到及时约束，不道德行为的成本较低，如果不把自律和他律、提倡和禁止、软性约束和硬性规定结合起来，就很难发挥德治对乡村自治的引领作用。

四、乡村治理主体现代化能力较低

要想实现乡村治理能力的现代化，除了要有完善的乡村治理体系作为支撑外，还需要治理主体具备现代化的能力。目前，有些地方治理主体现代化水平较低主要体现在三个方面：乡镇政府和村两委乡村治理的智能化水平较低；村民参与乡村治理的专业化水平较低；社会组织参与乡村治理能力较弱。

（一）乡镇政府和村两委治理智能化水平较低

随着"互联网+"的兴起和大数据时代的到来，人们的生产生活方式已经并且正在发生着巨大变化，而这种变化迅速传导至乡村，给乡村治理带来了根本性的影响和变革。虽然国家近年来不断加强乡村的信息基础设施建设，但是与城市相比，乡镇政府和村两委在乡村治理过程中的智能化水平还有很大差距，仍然缺乏智能化的治理平台和政务服务系统。这严重影响了乡村基层治理的效率，制约了乡村治理决策的科学性和准确性。

首先，受知识水平和信息化能力所限，乡村干部对现代政务服务系统相对比较生疏，主动学习和使用的意愿不强烈。加之乡村尤其是偏远山村的信息化普及率较低，大量中青年人口外流，造成乡村干部的服务对象以老幼群体居多，更是制约了信息化和智能化的推广。

其次，乡村治理中"治理碎片化"和"信息碎片化"现象比较突出。"治理碎片化"主要是乡村"各人自扫门前雪"，权责不清晰、智能资源不整合、治理渠道不畅通造成的治理困境。"信息碎片化"就是不同信息主体之间没有建立起一体化系统，仅仅是为了各自的目标对各自的信息进行收集、保存和使用，没有构建起共享、共赢的体系。这种乡村治理的非智能化导致乡村的"信息孤岛"和"信息壁垒"，制约了乡村决策的科学性和准确性。

这表明，乡村基层行政工作如何适应信息化、智能化的发展，发挥智能化对于促进参与和扩大民主的作用，是一个值得重视的大课题。

（二）村民参与乡村治理的专业化水平较低

我国乡村大部分村民受教育水平较低，并且较少有机会去企业进行交流学习或者去培训机构进行专业能力训练，对于深层次的管理知识和高科技知识掌握较浅，导致乡村在专业人才方面相对比较匮乏，无法有效提升乡村集体经济的运营水平，这就形成了对乡村治理的专业化的掣肘。正如舒尔茨指出的那样："土地本身并不是使人贫困的主要因素，人的能力和素质则是贫困的关键"[1]。乡村治理的现代化离不开专业化的人才队伍，乡村缺乏高素质、有能力的专业管理队伍。由于地理位置偏远、发展水平较低、基础设施不完善等多方面的原因，乡村对人才的吸引力相当有限，很难做到从城市

---

[1] 西奥多·W. 舒尔茨：《论人力资本投资》，吴珠华，等译，北京经济学院出版社，1990，第76页。

吸纳专业人才，甚至外出学习的乡村本地人在学成之后也不愿意回到乡村发展集体经济。此外，村民的意识较为落后也束缚了他们专业能力的提升。大多村民缺乏开阔的视野和创新思维，在专业能力不足的情况下自我提升的意愿不强烈，这就给提高乡村治理的专业化水平带来了很大困难。

因此，必须意识到村民参与乡村治理的专业化水平较低与乡村治理现代化的需要是目前急需解决的矛盾，要从乡村振兴全局的角度来正视和解决这一问题。

（三）社会组织参与乡村治理能力较弱

中共中央、国务院印发的《乡村振兴战略规划（2018—2022）》指出，要搭建社会参与平台，加强组织动员，构建政府、市场、社会协同推进的乡村振兴参与机制。目前我国乡村治理的社会组织的构成是多方面的，主要包括半官方性质的群团组织、企事业单位、一般社会团体、协会等。[1] 党的十八届三中全会指出，适合由社会组织提供的公共服务和解决的事项，交由社会组织承担。社会组织在现代乡村治理中发挥着重要作用，"现代社会治理需要政府力量管理、社会力量服务、群众力量自治，其分别发挥'他治、辅治、自治'作用，形成'政府主导治理、社会参与治理、群众融入治理'新格局"[2]。乡村社会组织参与乡村治理的能力已经成为乡村治理能力现代化的重要表征之一。

然而，从全国范围来看，现有乡村社会组织规模较小，独立性

---

[1] 郭元凯，谌玉梅：《组织振兴：构建新时代乡村治理体系》，中原农民出版社、红旗出版社，2019，第78页。
[2] 杨国先：《充分发挥多元社会治理主体的协同效应——基于雅安市群团组织社会服务中心的创新探索》，载《国家治理》2016年第8期，第33页。

不强，内部治理不健全，筹集社会资源能力较弱，总体上社会组织参与乡村治理的能力仍然较弱，与构建现代化的乡村治理体系的要求还有一定差距。

乡村社会组织的独立性有待进一步夯实。首先社会组织作用和潜力若想得到充分发挥，它的独立性是重要保障。但是受乡村发展政策性较强的影响，社会组织为获取更好的人力、物力资源，过于依赖政府部门。乡村振兴战略提出了要协调好政府、市场和社会之间的关系，所以社会组织必须首先明确定位，增强独立性。其次，社会组织内部治理能力有待提升。法人治理结构不够完善，自身决策机制和运行机制不够健全，自身文化建设和公信力不足，这些都影响了其能力的发挥。最后，乡村社会组织目前面临着资金匮乏的问题，除群团组织和企事业单位外，多数社会组织普遍缺乏长期稳定的资金来源，自身筹资能力较弱，这也严重制约着其参与乡村治理的积极性和主动性。

第五章 新时代推进乡村治理现代化的基本思路

党的十九届四中全会把"坚持和完善中国特色社会主义制度、推进国家治理体系和治理能力现代化"作为中心议题，指出要努力把制度优势更好地转化为治理效能，再次强调要推进乡村治理体系和治理能力现代化。在新时代推进乡村治理现代化必须坚持以党的十九届四中全会为指导，明确推进我国乡村治理现代化的主要原则，在乡村治理面临问题的基础上，有针对性地完善新时代乡村治理现代化体系，全方位提升乡村治理能力现代化水平，为实现乡村治理体系和治理能力现代化提供有力支撑。

第一节 明确推进乡村治理现代化的主要原则

通过前面章节关于我国乡村治理实践和国际经验可以看出，在乡村治理过程中必须把握好原则方向，要明确乡村治理现代化由谁来领导、主要通过何种途径和最终目的是什么，坚决防止在乡村治理现代化的道路上迷失方向。在新时代推进乡村治理体系和治理能力现代化，必须坚持把"党是领导一切的"这一根本原则贯穿乡村治理现代化的始终，坚持以解放和发展农村生产力为治理中心，坚持以村民共同富裕为治理动力，使乡村治理现代化沿着中国特色社会主义道路前进。

一、坚持以强化党的全面领导为治理根本

党政军民学，东西南北中，党是领导一切的。这是我们制度优势的核心内涵。解决乡村治理问题，关键在于切实强化党对乡村治理工作的全面领导，使农村基层党组织能够充满活力，发挥领跑者的作用。我们必须坚持以习近平新时代中国特色社会主义思想为引领，着力构建以党的基层组织为核心，以村民自治组织为主体，按照产业兴旺、生态宜居、乡风文明、治理有效、生活富裕的总要求，加快推进农业农村现代化。党对乡村治理工作的全面领导是推动乡村治理现代化的中心工作，必须按照党的十九届四中全会精神，认真贯彻落实党的建设的各项部署，提升党建引领能力，以强化党的全面领导作为治理根本。

首先，要完善干部管理机制。要切实增强农村党组织书记的政治领导力。积极探索村党组织书记通过法定程序担任村民委员会主任和村级集体经济组织、合作经济组织负责人的有效方式，进一步强化农村党组织书记对基层组织的政治领导。要注重提升基层党组织书记的履职能力，为乡村治理现代化提供坚强支撑。

其次，党要管乡村经济。基层党组织如果没有掌控经济的能力，就不能带领农民共同富裕。要把支部建立在合作社、协会、社区等组织上，建在产业链上，把由过去按照地域设置党组织，改变为按

照行业设置党组织,始终把党的"毛细血管"延伸到经济实体中,按照经济原则实施领导;上级党组织应自上而下地建立农村基层党组织发展扶持基金或金融支持平台,为基层党组织发展经济给予必要的经济支持。

再次,党要管乡村党员。要解决党员与党组织"失联"的问题,创新管理手段,例如,用微信等方式将分散的党员连接起来,实现党员与组织的互联互通、信息共享;通过用农民党员熟悉的语言、熟悉的事例和方式及时解读党的方针政策,让党组织成为农民党员的坚强后盾。

最后,党要管乡村青年。青年是国家的未来,是新农村建设的参与者,也是党组织的新鲜血液。党组织要针对当代青年的特点,发挥组织优势,要与共青团合作,对青年进行教育和培训,将年轻党员培养成新兴职业农民,全面助力新时代乡村治理现代化建设。

二、坚持以解放和发展农村生产力为治理中心

生产力决定生产关系,解放和发展生产力解决的是乡村治理现代化实现的根本途径问题。在乡村治理中坚持以解放和发展农村生产力为中心,是与我国坚持以经济建设为中心的基本原则相契合和统一的。坚持解放和发展农村生产力,有利于为进一步完善乡村治理制度提供物质基础,有利于显著改善村民生活水平。因此,乡村治理主体要有高度的目标一致性,什么样的治理方式有利于促进生产力发展就采用什么样的治理方式。没有乡村生产力的解放与发展,治理就缺少了"灵魂"。要坚持以解放和发展乡村生产力为治理中心,就是乡村的治理主体要紧紧围绕如何使乡村经济保持生机和活

力这个主题，完善治理结构和畅通治理关系。当前，在现有的乡村治理的制度体系内，各地乡村探索和实践了多种符合本地发展的乡村治理模式，成为乡村治理的有效样本。

要继续坚持农村土地集体所有制，这是中国特色社会主义制度优势的体现，它具有超强的适应性和发展性，始终为我国乡村生产力的发展保驾护航。虽然随着乡村的发展变化，政策也会随之调整，但不管怎么改，不能把农村土地集体所有制改垮了，要坚持通过壮大农村集体经济来促进乡村生产力的发展。一段时间以来，社会上有了对坚持农村土地集体所有制的质疑：一部分声音要将土地彻底地私有化，即全盘西化的土地治理思维；另一部分声音要将土地全盘地国有化，由政府统一规划管理。这是两种对立并且完全错误的思想，要想实现乡村治理和农业农村现代化，既不能走封闭僵化的老路，也不能走改旗易帜的邪路。首先，必须在坚持农村土地集体所有制的基础上，充分实现治理社会化的转型，通过乡村治理社会化来盘活集体经济，提升乡村经济的广度。其次，必须通过法治化的贯彻落实来规范治理主体的行为，为生产力的发展创造良好的社会环境。最后，引入民营企业和社会资本实践"三权分置"政策，推动集体经济专业化发展。

在未来乡村治理现代化进程中，随着实践的发展、认识的进步，乡村各项重要制度还会进一步完善和发展。这种完善和发展，必须建立在坚持和巩固各项重要制度的基础上展开。只有将解放和发展乡村生产力作为治理中心，才能有助于以此为中心构建现代化的乡村治理体系，以及提升与此体系相适应的现代化的治理能力。

三、坚持以村民共同富裕为治理动力

习近平同志参加十三届全国人大一次会议山东代表团审议时强调指出:"要充分尊重广大农民意愿,调动广大农民积极性、主动性、创造性,把广大农民对美好生活的向往化为推动乡村振兴的动力,把维护广大农民根本利益、促进广大农民共同富裕作为出发点和落脚点"❶。新时代乡村治理要坚持以村民共同富裕为治理动力,这既是社会主义本质的必然要求,也是贯彻新发展理念的必由之路。

我国的村民自治制度就是坚持充分发挥村民主体地位、促进村民共同富裕的制度。如果不以坚持村民共同富裕为治理动力,乡村治理就失去了方向,也不可能实现现代化。新时代乡村治理现代化是以人民为中心的治理现代化,这与我国的社会主义本质是高度吻合的。现代化的治理路径,必须考虑两个问题:一是治理体系如何保障乡村村民的共同富裕;二是如何提高乡村村民公共富裕的能力。只要抓准了"共同富裕"这个总目标,就能确保乡村治理现代化的方向不走偏。

通过构建完善的乡村治理体系,保障村民合法的政治权利、经济权利和社会权利的行使,使广大村民充分地参与到乡村治理的实践中来,不仅成为乡村治理的主要参与者、乡村社会的主要建设者,还要成为乡村治理成果的主要分享者。要不断提升乡村治理能力现代化水平,包括提高乡村人口的现代化素质,改善乡村治理方式和

---

❶ 《习近平参加山东代表团审议时的重要讲话在齐鲁大地引发热烈反响》,2018 年 3 月 8 日,引自共产党员网:http://news.12371.cn/2018/03/08/VIDE1520512502402530.shtm(访问时间 2020 年 1 月 2 日)。

手段，使广大村民在乡村治理过程中全方位提升自己的能力，提高干事创业的本领，通过发挥乡村治理的制度优势，通过自身的拼搏奋斗，进而实现共同富裕。

第二节 着力完善新时代乡村治理现代化体系

制度优势是一个国家的最大优势。《辞海》中"制度"的含义为，"要求成员共同遵守的、按一定程序办事的规程"，以及"在一定的历史条件下形成的政治、经济、文化等各方面的体系"[1]。经过多年努力，我国已经形成中国特色社会主义制度体系，并被实践证明具有显著的制度优势。作为乡村治理能力现代化的前提和条件，要着力完善新时代乡村治理现代化体系，就是要充分发挥我国的制度优势，将制度优势更好地转化为治理效能。

为贯彻党的十九届四中全会关于推进乡村治理体系和治理能力现代化的要求，中央确定了115个县（市、区）开展乡村治理体系建设试点示范，并且首次明确了乡村治理体系建设包括的主要内容，即探索共建共治共享的治理体制、完善基层治理方式、党组织领导自治法治德治相结合的路径等八个方面[2]。结合前文关于乡村治理现代化面临的主要问题，笔者认为当务之急是要从以下四个方面来着力完善新时代乡村治理现代化体系。

---

[1] 《辞海》，上海辞书出版社，2000，第223页。
[2] 《我国开展首批乡村治理体系建设试点示范》，《光明日报》，2019年12月29日。

一、完善和创新乡村自治体制机制

乡村自治是乡村治理的基础，没有自治水平的提高，就不会有乡村治理体系和治理能力的现代化。从图2可以看出，村委会作为乡村自治的主要载体，与城市基层治理的居委会相比，数量具有逐年递减的趋势。截至2018年，全国村委会共有54.2万个，比上一年下降2.2%，这从侧面反映出了村委会作为自治的基本组织作用被削弱的趋势。乡村自治是基础，只有健全符合新时代发展要求和人民群众利益的乡村治理体制机制，才能充分保障村民在乡村振兴中的主人翁地位，进而更好地将乡村治理制度优势转化为治理效能。

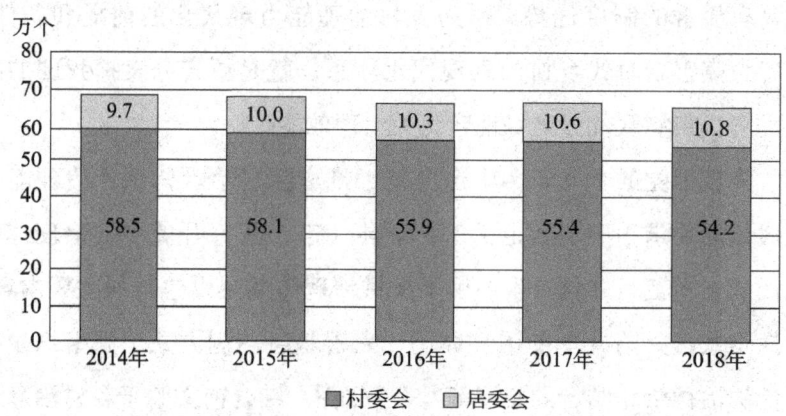

图2 2014—2018年基层群众性自治组织情况❶

（一）规范乡级政府在村民自治中的职能

针对在乡村治理过程中，"乡政"过度干预"村治"的现象，

---

❶ 数据来源：《2018年民政事业发展统计公报》，2019年8月15日，国家民政部网站：http://www.mca.gov.cn/article/sj/tjgb/（访问日期2020年2月7日）。

要切实规范乡级政府在村民自治中的权责。乡级政府是最基层的政府,与中央政府、省市政府比有特殊之处。根据我国政府组织法规定,乡级政府的主要职能是落实党和政府的农村政策,为农村的发展提供公共服务,做好对农村市场的监管,维护农村的和谐与稳定。

第一要进一步明确乡级政府和村两委的职能和定位。建立健全乡级政府对村治的指导机制,乡级政府要转变角色,由管理型向指导型和服务型转变,收起那些伸向村里的不必要的"触角",以服务型政府的要求,服务勤一些。第二要制定负面清单制度,规定哪些方面是乡级政府不可以触碰的,例如村干部民主选举和决策,以及村庄财务或干涉村庄具体项目的实施等。只有制定和完善这种清单,才能确保乡政府和村两委权责明确、治理有效。

(二) 创新"四个民主"实现形式

村民自治是通过广大村民的民主选举、民主决策、民主监督和民主管理来实现的,村民作为村民自治的主体,他们参加村民自治是源于他们应该享有的权利。针对乡村自治中"四个民主"存在的突出问题,必须创新其实现形式,保证乡村自治有效实施。

要加大民主选举中对贿选的有效治理。我国法律尚未清晰地界定乡村贿选的具体认定标准,因此要从我国现阶段国情出发,借鉴吸收西方发达国家的法治经验,完善公共选举机构的程序,明确查处主体责权,加大贿选处罚力度。

对于民主决策要建立完备的村民会议制度,创新民主决策的保障制度。要明确乡级政府的督促和指导作用,如果村民委员会不按期组织召开村民会议或村民代表大会,乡级政府则应该督促村民会议或村民代表会议顺利准时召开。要创新民主决策保障制度,涉及村庄发展的事项应将村民委员会意见纳入乡级政府的决策参考范围，赢得村委会和村民的理解和支持，也有利于村民自治权的行使。

关于民主管理要大力发展乡村集体经济，集体经济越发达，越需要通过村民自治来扩大村民群众的政治参与，保证集体经济规范运作，这样才能增强村委会的管理和服务功能以及提升对村民自治的吸引力和凝聚力。

关于民主监督要深化村务公开，创新民主质询听证制度，即村民就村务管理中的重大事项、村务财务、村干部任职情况等他们关心的问题，与村干部进行当面对话、提出质疑和意见建议，村干部要当面解答和说明情况，做出承诺并限期落实。

（三）构建村民利益表达回应机制

在推进乡村治理现代化的进程中，构建制度化、法治化的村民利益表达回应机制，是保障村民话语权、维护村民利益的重要内容。应该在完善基层人民代表大会制度、信访制度的基础上，通过建立村民协会和村民利益表达组织等形式确保村民在治理过程中的合法权益。

要加快构建村民维权组织体系。"组织是通往政治权利之路，也是稳定的基础，因而也是政治自由的前提"❶。村民多是分散的个体，组织程度低，难以形成合力，即使临时因为共同利益结合起来，也大多缺乏法律地位和组织领导体系。因此要鼓励建立和发展村民合作社，建立村民行业协会，介于政府和企业之间，可以借鉴日本农协的方式，成立全国农民协会，这样既可以成为与企业谈判的有

---

❶ 塞缪尔·亨廷顿，琼·纳尔逊：《难以抉择——发展中国家的政治参与》，王晓寿、吴志华、项继权，译，华夏出版社，1989，第89页。

效形式,也可以成为与政府沟通的桥梁,能够顺畅沟通渠道,进而确保村民利益的有效保障和维护。

二、构筑多元共治的现代乡村社会治理体制

构筑"党委领导、政府负责、社会协同、公众参与、法治保障"的多元共治现代乡村社会治理体制,需要多个主体共同发力。一是要加强党的领导,发挥党总揽全局、协调各方的作用;二是要明确政府的责任;三是要鼓励社会力量参与乡村治理;四是要扩大公众的参与;五是加强法治的保障作用。

(一)发挥好党在乡村治理体系中的领导核心作用

在新时代乡村发展进入转型发展的关键阶段,村民出于观念转变、利益诉求多元化的关键节点,要实现乡村振兴的战略目标和乡村治理现代化,不依靠党的领导是绝对行不通的。

打造多元共治新格局,党的领导是核心。要坚持党在构建现代乡村社会治理体制中的统一领导,确保党委农村工作部门统筹协调开展工作。要建立中央统筹、省负总责、市县抓落实的工作机制。明确各级党组织负责人的领导责任,依靠省、市、县、乡、村五级书记抓乡村振兴和治理,通过党的领导体系夯实党对乡村治理的领导核心作用。党委要做好乡村治理过程中机构配置和人员配置工作,充分发挥决策参谋、统筹协调、政策指导、推动落实、督导检查等功能。

(二)明确政府责任,转变工作作风

在乡村的多元共治中,明确好政府的责任是关键所在。政府在

打造现代乡村社会治理体制中发挥着服务、管理和联通基层以及社会组织的作用。政府的不同部门通过协作进行社会管理，承担着重要的责任。在新时代乡村治理的过程中，尤其要注重政府职能的发挥，改变以往包办一切的做法，从乡村的需求出发，找准定位，做好服务。

找准定位就是要根据乡村治理的实际来转变职能，乡镇政府要对接好上级县市政府和村民自治组织，除了做好上传下达和日常事务管理外，要着重处理好涉及群众利益的重要事项，解决好社会矛盾。要善于打造一站式服务平台，提高行政效能，增加村民福祉和提升治理效果。

做好服务就是要转变工作作风，戒除"我提供什么，民众接受什么"的思想，要树立"民众需要什么，我提供什么"的观念。要坚决杜绝懒政、怠政，纠正行政不作为和慢作为等不正之风。在乡村经济发展方面，政府作为一个实体组织，要以合理方式监督乡镇企业，规范其经营活动，也要确保乡镇企业的发展自主权，壮大乡村集体经济。

（三）推进社会协同，壮大乡村社会组织

推进社会协同是构建乡村治理现代化体系的内在要求。推进社会协同，体现的是治理主体的多元，这既需要党和政府强有力的引导作为前提，也要团结各种社会组织，凝聚共识，形成合力。

首先，政府和村两委要加强与乡村社会力量的沟通与协作，成立专门机构与乡村社会组织进行对接和指导。乡村社会组织和群众团体具有一定的体制身份，但更多的是具有社会属性，这有利于社会组织在政府和村民之间发挥桥梁和纽带作用，使党和国家政策能

够更加顺畅地在乡村实施。因此群团组织要发挥组织优势，紧密联系村民，为他们出谋划策、提供咨询与服务。

其次，要积极创造条件引导社会组织参与乡村治理。要积极发挥基层群众性组织在处理本村公共事务、发展村庄公益事业和调解村民之间利益纠纷及协助打造平安乡村等方面的作用。村民社会组织要通过各类民间组织和协会把分散的村民组织起来，举办活动丰富他们的日常生活。社会组织的这些行为，不仅可以增强村民对村庄、社区的认同感，也有益于乡村社会治理水平的提升。

（四）扩大公共参与，提高村民自我管理能力

长时间以来，公共参与度低是很多乡村地区在治理过程中面临的棘手问题。要实现乡村治理的有效性，就必须加强村民的自我治理，扩大村民的公共参与。

加强乡村治理的相关宣传工作。在新时代的今天，应该多借助新闻媒体和互联网等手段进行乡村治理的宣传，引导村民树立新型人际关系，摒弃旧观念，通过教育、培训、宣传等方式，使村民切实了解参与公共事务的程序，提高自我管理的能力。

为扩大公共参与提供良好的社会环境，从严打击阻碍村民参与乡村治理的行为。部分乡村地区的宗族黑恶势力或村霸，对村民日常生活甚至心理都造成了很大的负面影响，直接或间接导致村民不能正常地按照自己的意愿参加乡村事务管理，严重制约了乡村治理成效。对于这种现象，政府有关部门必须严厉依法打击，开展专项打击活动，排除村民的后顾之忧，提升村民参与的积极性，使他们在制度规范下有序参与治理活动。

（五）完善立法普法，健全法治保障

习近平同志强调，"如果在抓法治建设上喊空口号、练虚功、摆花架，只是叶公好龙，并不真抓实干，短时间内可能看不出什么大的危害，一旦问题到了积重难返的地步，后果就是灾难性的"[1]。推进现代乡村社会治理体制，必须由法治作为根本保障。

一方面，要树立新的立法理念，确保关于乡村的立法要跟得上时代的变化和需求。推进法治建设不可能一蹴而就，它是一个长期性、系统性工程。要紧密结合新时代乡村社会发展的需要，与时俱进，及时废除不适应乡村现状甚至阻碍乡村发展的法律法规。要在提高乡村立法质量上下功夫，加快乡村土地流转、征地补偿、乡村金融、户籍等方面法律的完善。另一方面，要加强普法队伍建设，加快创新普法的工作形式，要以村民喜闻乐见的方式推进普法工作的全面落实，如建立法治宣传室、法治图书室、法治文化角等公共法治宣传阵地，提高法律文化的吸引力和感召力。

"党委领导、政府负责、社会协同、公众参与、法治保障"是一个整体，任何一个环节的缺失或缺位都会导致现代乡村社会治理体制的不健全。因此，要从以上五个方面全面发力，构建好和发挥好现代乡村社会治理体制应有的作用。

三、促进"自治、法治、德治"融合的新体系

针对融合度不够的问题，必须加速建设"自治、法治、德治"

---

[1] 《习近平谈治国理政》第二卷，外文出版社，2017，第116页。

融合的乡村治理新体系，着力提高法治对自治的保障水平和德治对自治的教化能力。

（一）提高法治对自治的保障水平，建设法治乡村

建设法治乡村，需要不断强化法律的权威地位。要引导广大村民充分认识法治建设的重大意义，不断完善乡村法律体系，提高村民的法治素养。

首先，要完善和健全保障乡村的各项法律法规，使法律法规符合乡村发展的实际。乡村的法治建设，已经取得了看得见、摸得着的成绩。根据相关数据统计，截至2018年12月，农业领域共有法律15部，行政法规29部，部门规章148部，农业农村总体上实现了有法可依❶。但是，与乡村自治的需求相比，法制建设仍然存在短板。进入新时代，要围绕乡村自治中面临的现实问题，尤其是随着社会发展出现的新问题，要始终更新和完善相关法律规定。要围绕乡村振兴战略，加快乡村土地制度改革、集体产权制度改革、现代乡村治理等领域的立法建设，积极推进乡村振兴促进法、农村集体经济组织法、农村土地承包法等法律法规的制定和修订工作，增强法律的及时性、系统性、针对性和有效性。

其次，要提升乡村执法水平，为乡村自治营造良好社会环境。要确保乡村各项法律法规严格实施，就需要打造一支知法、懂法、可靠的执法队伍。要推进乡村基层综合行政执法改革，不仅要加强县区一级执法队伍在乡村的交流，也要增加乡村执法队伍赴县区锻炼学习，进而不断提升基层干部依法办事能力，这样才能确保执法

---

❶ 郭元凯，谌玉梅：《组织振兴：构建新时代乡村治理体系》，中原农民出版社、红旗出版社，2019，第133页。

公正文明。

再次,要积极开展乡村法律援助。在乡村长期存在公共法律服务供给不足和水平不高的问题,因此,必须不断健全以法律援助为主要内容的乡村公共法律服务体系。各地要根据中共中央办公厅国务院办公厅印发的《关于完善法律援助制度的意见》要求,为进一步加强法律援助工作做出全面部署。加强乡村法律援助,既是推进法治乡村建设的重要抓手,也是保障乡村自治的重要手段之一。

最后,要充分发挥自治章程和村规民约的作用。自治章程和村规民约是法律法规的重要补充,对乡村自治具有不可替代的作用。自治章程主要是指村民委员会为规范自治行为经村民代表大会协商讨论通过的制度条款,村规民约是乡村群众在熟人社会的环境中基于共同的价值追求和行为方式而约定成俗的社会规范。两者都体现出明显的契约性、内生性和规范性,既是乡村自治的重要组成部分,又助推着守法守规的社会氛围。因此,充分发挥乡村自治章程和村规民约的内在协调作用,有利于调动村民的积极性和创造性,有效保障村民的民主参与权,推进现代乡村治理体系的建设。

(二) 强化德治对自治引领,提升乡村治理软实力

首先,要通过弘扬乡土文化来提升广大村民的认同感。乡村文化是村民的根,是乡村治理过程中必须坚持和传承的东西。乡村振兴和有效治理离不开乡土文化。一方面要深入挖掘乡村传统道德规范,用好乡规民约,传好家风家训,修好地方志史。另一方面要搭建乡村公共文化平台,大力建设新时代乡村公共文化,完善乡村公共文化服务网络,创新乡村公共文化服务方式,同时培育乡村公共文化服务人才。

其次，在自治过程中要充分发挥道德的约束作用。一要在乡村找道德典型，在乡村范围内进行道德模范的评选，为乡村设立道德基准。这就需要增强评议组织的权威，增强评议力量，规范评议工作，确保评议做到实事求是、公平公正。二要坚决抵制乡村中的封建迷信活动，加强无神论宣传教育。这就不但需要县、乡、村三级联动强化舆论引导，还需要充分发挥党员的先锋带头作用，切实增强反对封建迷信活动的行动自觉。三要深入推进移风易俗文明行动，要成立工作领导小组，充分发挥村民议事会和道德评议会等组织的功能，遏制人情攀比、失信老赖、黄赌毒黑和庸俗表演等陋习。要把移风易俗工作纳入村年度考核重要内容，推动该工作制度化、规范化。

最后，要发挥新乡贤的作用，通过乡贤文化助力乡村自治。一要继承和弘扬优秀的传统乡贤文化，例如，编印具有地方乡村特色的乡土教材、乡贤榜，开展乡贤文化研讨等，引导广大村民自我教育和自我管理，促进乡村自治。二要善于选树新乡贤骨干队伍，要努力挖掘退休返乡的政府官员、德高望重的基层干部、反哺乡村建设的商业精英等贤达人士，通过先进典型的评选活动，把真正受到群众认可和拥护的新乡贤选拔出来，大力营造人人学乡贤的浓厚氛围。三要健全引入机制，出台各类新乡贤引入标准，搭建新乡贤工作平台，健全激励和监督机制，确保新乡贤队伍的纯洁性和公信力。

四、发展城乡多元投入治理的共同体格局

脱离城乡关系的视角来谈推进乡村治理体系现代化是行不通的。现代的乡村治理体系除了内部的合理顺畅和高效外，在外部

与城市乃至国家的治理体系都应该是紧密相连和互融互通的。发展城乡多元投入治理的共同体格局，把城市和乡村作为地位平等的治理主体，进而促进人才资源、先进科技和社会资本的双向流动，尤其是由城市向乡村的合理流动，是乡村治理现代化体系的保障和重要补充。

发展城乡多元投入治理的共同体格局，是今后促进乡村治理现代化的主要方向之一。根据前文论述的乡村治理的国际经验可以发现，美国、日本和韩国都经历了城乡多元投入治理的历史阶段，尤其是美国的城乡共生型小城镇建设，充分体现了乡村和城市的地位平等、优势互鉴和彼此的融入，这种融入是生活、生产方式的融入，也是体系制度和观念的融入。从发达国家的经历不难发现，城乡融合是一个国家走向现代化的必经阶段。乡村人口向往城市的便利、快捷和高科技的生活和工作方式，城市人口也会有赴乡村田园休憩和体验的需求。真正要实现城乡多元投入治理，必须从政府、政策、企业等多方发力，要通过全面深化改革来破除制约城乡融合的体制机制壁垒，政府要主导，政策要到位，企业也要随之行动起来。具体可以从以下几个途径来推进。

首先，科学规划要先行，加速建设布局合理、分工明确和优势互补的城乡协调发展格局。一要做好城乡治理机制的对接，要发挥好政府机构改革的良好机遇，根据实际情况成立专门的城乡协调部门，就城乡居民公共服务均等化和城乡治理经验互享建立长效联络机制，尤其是要发挥城市管理部门对乡村的帮扶，推广在治理过程中发挥重要作用的信息网络系统，促进乡村治理的信息化，进而更好地服务城乡信息资源的互联互通。二要加大城乡结合点的治理力度。长期以来，城乡结合点由于地域界限不清和城乡治理权限不明晰，导致出现"两不管"的境地，成了社会治理的薄弱环节。要加大对城乡结合点的协作治理，在此过程中可以加强城乡在治理工作方面的沟通，取长补短，提高治理能力。三要下大力气增加公共服务，结合城乡的地域特征，在城乡都比较便利的位置建设共享的娱乐休闲场所和专业的贸易场所，引导城乡居民的生活方式趋同化。

其次，要加大落实政策力度，抓准实际，引导社会资本向乡村地区合理流动。"三权分置"是我国自实行家庭联产承包责任制以来的对于土地政策的伟大创举，省市政府和乡村基层政权要主动作为，加大对制度改革的宣传力度，为乡村土地流转和产业规模经营提供良好的环境。近年来，我国民营企业发展遇到了一些困难，尤其是面临投资环境差和转型难的困境，在这种情况下，对于有情怀和担当的民营企业来说，充分利用"三权分置"带来的政策来扎根乡村，去挖掘乡村巨大的市场潜力，是重大的历史机遇。民营企业在乡村发展，既能参与乡村的建设，优化乡村治理的格局，也能促进政府完善相关配套措施，最终使企业扎根乡村发展，成为城乡多元投入治理的桥梁。

最后，要建立健全人才由城市向乡村流动的机制。大学生村官和驻村第一书记等都是人才支持乡村发展的有效举措，并且取得了显著成效。要进一步健全激励机制，向乡村急需的医生、教师、技术人才提供政策支持和财政补贴。从可持续的角度讲，重点要放在回乡人才方面，这些人有乡村的土地和住房，他们的回归既可以更好地履行村民的乡村治理主体责任，也可以充分发挥自身所长，投入乡村建设，为家乡发展贡献力量。

第三节　全方位提高乡村治理能力现代化水平

要全方位提高乡村治理能力现代化水平，从根本上讲就是要充分发挥乡村治理体系的重要作用，努力提升乡村"人"的现代化素质，加快创新现代乡村治理方式，加强新时代乡村产权治理能力，培训建设乡村特色小城镇的能力，为乡镇振兴战略的成功实施提供有效支撑。

一、努力提升乡村"人"的现代化素质

乡村的现代化归根结底是人的现代化。我国的现代化关键是广大农村的现代化，而农村现代化的关键是人的现代化。所谓人的现代化，主要是指人的素质的全面提高进而能够适应现代社会发展的需要。人的素质主要包括思想观念、科学文化、学识修养、伦理道德、身体素质等。人是生产力中最活跃的因素，人的现代化是经济发展的决定性条件。

首先，要打造现代化的乡村干部队伍。一要拓宽选拔视野，打好选拔组合拳，选优配强村两委。可采取在优秀党员队伍与复退军人中"推"，村两委后备队伍中"提"，乡镇机关年轻干部中"派"，大学生村官与回乡大中专毕业生中"选"，乡村技术致富能手与创业能人中"挖"，各类社会组织、经济组织中"找"等多种方式，把信念过硬、政治过硬、责任过硬、能力过硬、作风过硬的人选到村干部队伍中来，为推进乡村治理现代化提供有效的组织保障和智力

支撑。二要抓关键问题，全面提升村干部综合治理能力。应当充分发挥党校培训干部的主阵地作用，助推村干部培训工作常态化。与此同时，不定期组织村干部进行农村实用技能培训，加强与科研院所、产业示范基地的合作交流，利用农民夜校、实训基地、现场教学等方式培养一批会管理、懂技术、爱农村、善经营的村干部，进一步提高村干部在组织、管理、宣传、协调等方面的综合治理能力。三要强化顶层设计，完善体制机制，为村干部干事、创业提供有力的制度保障。加大村干部经商办企业的资金、技术、信息支持。完善考核评价和激励机制，鼓励村干部在乡村治理实践中勇于探索、敢于创新、善于作为，同时也允许试错、宽容失败，不以成败论英雄，积极主动营造想改革、谋改革、善改革的氛围，从制度层面消除村干部干事、创业的后顾之忧。

其次，要努力培育现代职业农民，促进乡村治理专业化水平。乡村振兴和乡村治理现代化的目标和实践主体都是"人"，因此必须把人力资源的开发放在首位。在乡村提高人的现代化能力，核心还是农民。一是乡村基层政府要通过群众喜闻乐见的活动形式来提升农民的现代化意识，让农民更多地关注社会前沿信息，了解外部社会对于乡村的需求。二是乡村基层政府要借助社会专业机构和组织对乡村农民进行集中培训，让他们对农业生产的专业知识和先进科技的应用有更深的认识和实践，培养一批与乡村振兴相适应的新型职业农民。当然，提高农民的现代化素质是一项长期的工作，只要基层政府积极作为，找准农民的关注点，将农民现代化水平的提升和增产、增收有机结合起来，这个目标就能够实现。

最后，要夯实乡村教育基础，切实贯彻国家关于乡村教育的扶持政策和措施。要把乡村教育水平作为乡村两委的重要考核指标，落实城乡统一规范的教育和课程体系，加大对乡村教师的激励力度，吸引优秀师范类大学毕业生回乡任教，推动形成崇学好学的良好氛围。只有把乡村教育做实，才能从根本上为人才培养和乡村人的现代化奠定坚实的基础。

二、加快创新现代乡村治理手段

提升乡村治理现代化能力必须与时俱进地改善乡村治理的方式和手段，综合运用互联网、大数据、云计算等手段，实现乡村治理智能化、信息化。

（一）加快乡村治理智能化进程

随着互联网信息技术的不断更迭，网络理政在基层治理组织中得以推广，互联网逐渐成为连接乡村政府机构和自治组织与群众的重要渠道。不同类型的政务平台，拉近了基层治理组织与乡村村民之间的距离。政府通过网络能够了解各类民意诉求，并有针对性地予以回应。此外，大数据分析能够从不同维度对村民意愿和诉求进行挖掘和整理，这为基层政府进行决策和民生服务提供了有效的依据。

具体而言，要以信息化为主要载体，扩展多元化服务渠道，提升公共服务水平。通过在乡村加大信息化基础设施投入和专业人员培训，将智慧服务和智能管理延伸到乡村的每一户，全面覆盖到村居家庭、学校、企业和社会服务机构。通过系统化、智慧化和精准化梳理和规范各项事宜，实现行政审批更加便捷、政府监管更加有效、公共服务更加完善，构建乡村村民不出家门享信息、不出村子办民事的现代化治理新局面。

近年来,全国各地也涌现出一大批乡村智能治理的典型案例。例如,厦门一些乡村推行"农事通"智能治理模式,以行政村为单位建立分组,每个分组设立一个控制中心,由村委会主任收集和筛选有效的商业信息或者内部活动信息,然后以短信的形式转发给每一位村民。通过以村为单位对部分信息进行前期整合后统一发布,避免了高流量短信和垃圾短信现象,打通了村民获取有效信息的快速通道,用于日常的村务发布、活动通知、农产品销售和安全事项提醒等多个领域。这种模式相对比较简单,充分考虑了村民对信息技术的接受程度。当然全国范围内越来越涌现出更多的乡村治理智能化方式,尤其是基于移动互联网和微信的"一站式"乡村服务平台等,也极大地提升了乡村治理效率。因此,以"互联网+"模式为代表的各种智能化治理方式都是结合各地特点探索发展出来的。对于乡村治理而言,这不仅是技术的革新,还有利于提升治理组织决策的科学性、精准性和高效性,是提高乡村治理能力现代化水平的必然选择。

(二)提高乡村治理精细化水平

提高精细化水平,是乡村治理现代化的重要体现,具体就是要从乡村实际出发,通过把乡村"大社会"划分成"小网格",要以村党组织为核心,最大化地利用党的组织和宣传优势在治理过程中所做的工作要精确到户、精确到人,在建立乡村基础数据库的基础上,做到村干部对于乡村家庭每户一台账,并且保持台账动态更新。要坚持以村民需求为导向,建立信息收集准确及时、对接顺畅高效和行动快速到位的精细化治理体系,真正解决好服务乡村居民的

"最后一公里"。

例如，江西泰和县的乡村治理开创了"双微自治"模式，就是乡村治理精细化的典型代表。该县乡村探索在乡村治理过程中如何提升村民参与度的可操作性方案，以及如何更好解决利益纠纷的协商机制，最终成功实践了"微治理"和"微协商"模式，建立实施"一批人、一张图、一个区域、解决一些问题"的"四个一"挂图作战模式和"收集问题—拟定议题—议前调研—多方商议—公开结果—监督执行"的"六步工作法"，有效地提升了乡村治理的精细化水平，获得了乡村群众的普遍好评。

推进乡村治理的精细化是现代化的方向，这有利于真正形成适应时代发展、社会治理有效、党员群众满意的乡村社会治理格局。

（三）加强乡村治理专业化建设

随着社会进入信息时代，社会问题越来越复杂、越来越专业，必须通过专业化分工，乡村治理也是一样的道理。村民生活的方方面面都发生着变化，传统的方式解决村民需求有很多短板，一是专业人手不足，二是信息更新太快，这就要求在乡村治理框架内成立专业建设团队，包括农业种植技术、乡村设施修缮和乡村建设规划等，在乡村实现专业的事情由专业的人来做。

一是要以标准化建设助推专业化。很多乡村地区在公共安全事项、配套基础设施和纠纷调解方式等方面缺乏具体的参照标准，要对照乡村治理领域现状和具体需求，加快推进相关标准制修订工作，构建全面配套、层次分明、功能完备、科学合理的服务体系，推进各项管理服务规范化，逐步满足乡村民众多元化的需要。二是要通过大力发展社会组织促进专业化。从理论上讲，乡村社会分工越细、乡村经济发展越快、乡村社会组织越发达，乡村政府和两委对于乡村的控制能力就越显得力不从心，也就很难为所有村民提供专业化的服务和专业的指导。然而，在这种情况下，各种专业化的社会组织可以更好地发挥自身作用，在政府的协调下合理分工，促进乡村治理的专业化。

三、加强乡村土地产权治理能力

土地产权治理是新时代乡村治理的重大课题，乡村治理涉及的事务，很大程度上是围绕着乡村主体的物质生活关系展开的，这就要求乡村主体之间的产权关系尤其是土地产权关系进一步完善，这种完善是进行乡村治理和实现乡村公共利益最大化的基础。尤其是当前从家庭联产承包责任制的集体所有、家庭承包经营的"两权分离"到农村土地所有权、承包权、经营权"三权分置"，我国正在践行和构建具有中国特色的乡村土地制度。因此，在新时代加强乡村土地产权治理能力是提升乡村治理能力现代化的重要组成要素和必然路径。要着力从以下几个方面加强土地产权治理能力。

（一）抓紧界定和明晰土地产权关系

在推进乡村土地三权分置的过程中，抓紧确权即界定和明晰土地产权关系是当务之急，也是规范乡村市场活动的前提和基础。只有明确界定土地主体和村委、村集体各自的权限范围，才能依法规范农地市场交易。要做好土地流转工作，从争取拥有土地承包权到自愿进行土地流转，从利用土地到彻底出让土地获取土地拆迁补偿，都是积极利用土地和寻求土地效益最大化的表现。这离不开市场作用的发挥，也需要政府的引导作用。

（二）调动村两委积极性并有效监督

近年来，越来越多的外来企业参与乡村土地流转市场，外来工商业者与乡村农户打交道，离不开村两委中间联络。村两委必须高度重视土地产权治理工作，并形成有效监督。村两委干部要在种粮大户、企业和农户之间充分发挥管理优势，做好土地资源整合和土地流转及利益分配等工作。要完善监督机制，通过村两委主动定期公开信息和接受村代会、监督委员会监督的方式，压缩寻租空间，保障村民的合法权益。

（三）建立土地流转与法律文本信息数据化平台

随着社会发展与城乡一体化建设，从事农业生产的村民人口越来越少，大量的土地需要流转。一方面，必须加快建立土地流转信息动态更新数据库，将土地位置、用途、价格等信息资料及时更新，通过信息化平台发挥市场调节机制。这有利于资源的整合和优化配置，进而有效加快土地流转。另一方面，要建立土地流转法律法规与合同文书数据库，为土地流转提供法律支持。村民之间自发的流转行为一般多是简单、粗疏、不合规范的，签订的合同内容也存在很大欠缺，一旦发生纠纷，就会缺乏切实有效的解决办法。因此，有必要形成有关土地流转的常用法律文本、合同格式和相应的仲裁渠道，确保土地流转在"三权分置"制度的基础上顺利进行。

四、培育建设现代化乡村小城镇的能力

在推进乡村治理的国际经验中，美国的城乡共生型小城镇建设

给了我国很大的启示,特色小城镇建设是城镇化和农业现代化的必然要求,是否具备建设现代化特色小城镇的能力也间接反映了乡村治理能力现代化的水平和能力。客观地讲,我国乡村特色小城镇起步较晚、普遍缺乏科学规划、城镇建设政策和体制有待进一步完善,这些都导致乡村特色小城镇的建设能力较弱。今后,我国要站在乡村振兴战略和城乡融合发展的角度,发挥乡村治理体系优势,从科学规划、产业发展和服务保障等三个方面提升建设乡村特色小城镇的能力。

(一)利用现代化理念进行科学规划

早在2014年,中共中央办公厅国务院办公厅就印发了《国家新型城镇化规划》,把乡村城镇建设放在突出的位置,为发展中国特色乡村小城镇指明了道路和方向。

发展乡村特色小城镇的前提和基础是现代化的理念和科学规划方案。要按照国家制定的政策要求,城市和乡村加强协调进行推进。在乡村特色小城镇的建设过程中,要坚持以人民为中心理念,坚持地方的文化特色和传统与地方经济社会相适应,推动城乡一体化发展。

通过因地制宜合理规划乡村特色小城镇,一方面,可以吸引城镇周边的村民到城镇工作、居住和生活,为培养现代职业农民创造便利条件;另一方面,可以拓展城市的发展空间,促进城镇化发展,带动城乡社会经济发展。

(二)健全小城镇现代产业体系

现代产业是乡村小城镇发展的基础,为乡村小城镇的可持续发展提供产业支撑，脱离了产业基础来发展小城镇是绝对行不通的。

一方面，要强化现代化理念，根据自身的区位和资源等优势做好做强已经形成或正在形成的特色产业和品牌产业。例如，以农业为主的小城镇，要把农产品深加工作为特色产业，延长农产品生产链，既能为小城市发展提供经济支撑，又能带动当地农业发展；以乡村旅游为特色的小城镇，就要坚持打造特色文化品牌，发展现代服务业；以工业为主的小城镇，则要紧跟时代发展趋势，要努力提高工业制造和技术现代化水平及发展现代商贸流通，形成产销一体化发展。

另一方面，小城镇建设过程中要注重优势互补，实现乡村小城镇抱团壮大，尤其是要对市场有清晰的认知，党委和政府要统筹规划，乡镇企业和村民要发挥主观能动性和积极性，发挥社会经济组织的协调作用，充分了解乡村不同小城镇建设过程中的特色优势，进而更好地进行产业分工，防止产业趋同而陷入恶性竞争。总之，要努力抱团取暖促进乡村小城镇共同体，共同走现代产业发展道路。

（三）构建乡村小城镇现代服务体系

随着美丽乡村的建设，我国很多地方出现了乡村小城镇的建设趋势，但由于后期治理没有及时跟上，导致很多小城镇只是昙花一现，又回归城乡分离的状态。因此，现代化的小城镇离不开现代化的治理和现代化的服务。除了政府要加快由管理向服务的职能转换外，还要积极构建乡村小城镇现代服务体系。

一方面，要通过积极培育和规范发展各类社会组织，为乡村小城镇治理提供大量的充满生机活力的非官办组织，通过这些组织来促进原有城乡居民的融合，通过规范各类社会组织的制度建设，提升城乡居民的规则意识。在小城镇治理与基层群众自治衔接机制方面，一是要设立小城镇基层社区服务中心，这种服务中心不作为自治组织的形式出现，而是作为服务型机构，由城乡统筹建设，这样将乡镇政府的基本公共服务和社会管理职能不经过村级自治组织而直接面向基层群众。二是要通过基层民主协商统筹小城镇治理和基层群众自治，以解决乡镇群众的实际问题和困难为出发点，及时总结出问题并建立台账，进行协商解决。要统筹完善行政村、社区企事业单位和社会组织之间的协商机制，着力打造符合基层协商特点的新平台。

另一方面，要创新小城镇公共服务运营机制。因为小城镇建设是乡村融合的过程，不仅需要村庄相关干部的参与，也需要乡镇政府工作人员实现角色转型，多了解群众需求，使工作更加接地气，由行政工作的执行者转变为面向公民的公共服务提供者。要努力探索设置专业化公共服务运营机制，在新型小城镇引入成熟社区的公共服务运营机制，并与当地特色相结合，提高公共服务的质量。

结　论

党的十九大高瞻远瞩地擘画了到 21 世纪中叶前中国发展的战略安排，乡村振兴战略是其中浓墨重彩的一笔。要实现乡村振兴，全面、有效的乡村社会治理是题中应有之义，乡村治理体系和治理能力现代化确立了实现乡村善治的根本途径，使我们有信心能够在中国共产党的领导下进行成功实践。

本书将新时代作为乡村治理现代化的时代背景，首先在导论部分阐述了进入新时代研究乡村治理现代化的选题意义，界定了新时代乡村治理现代化的内涵，并阐述了社会化、法治化、专业化和智能化等乡村治理现代化的主要特征。在此基础上对学界关于乡村治理和乡村治理现代化的研究进行了理论梳理，并介绍了研究的思路和方法。第一章主要是明确乡村治理现代化的指导思想，一方面从马克思列宁主义经典作家理论中汲取营养，本书考察了马克思、恩格斯关于农业基础地位、农民合作和城乡融合思想以及列宁关于农村党建、农民权益和农业现代化思想，另一方面提炼了我党对乡村治理的认识和理念，尤其是习近平新时代中国特色社会主义思想关于乡村建设和治理的相关思想，进而确定乡村治理现代化应该坚持的原则和方向。第二章对我国乡村治理实践和经验进行了历史性梳理，主要经历了新中国成立后的曲折发展阶段、改革开放后的改革稳定阶段和党的十八大以来的创新推进阶段，列举了近年来我国乡村治理的若干典型案例，总结了乡村治理进程的历史经验和治理实践案例对乡村治理现代化的有益启发。第三章考察了美国、日本、韩国关于乡村治理现代化的特色做法和对我国的有益启示，如确保城乡均衡发展、保障治理主体的社会化参与和充分发挥政府的主导作用等。第四章剖析了新时代乡村发展出现的新问题和新挑战，包括社会转型、区域发展不平衡、土地产权制度改革和社会阶层变化等现实挑战以及党组织在乡村治理过程中领导力弱化、乡村治理体制机制不健全、乡村治理体系不完善和能力不足等内部困境。第五章以党的十九届四中全会精神和中共中央办公厅、国务院办公厅印发的《关于加强和改进乡村治理的指导意见》为引领，结合面临的现实挑战和问题，提出了实现乡村治理现代化的基本思路，即明确推进乡村治理现代化必须以坚持党的领导、确保生产力发展和保障村民共同富裕为治理的主要原则，从完善自治体制机制、乡村社会治理体制、三治融合体系和城乡共同投入治理等四方面着力打造乡村治理现代化体系，从提升人的现代化素质、运用现代治理手段、加强产权治理能力和提高建设现代化小城镇的能力等四个方面全方位促进乡村治理能力现代化水平，进而实现乡村善治和乡村振兴，为中国的乡村发展"强起来"打下坚实基础。

我国在乡村治理方面的指导思想和所经历的建设实践，使我国更加清醒地认识到乡村治理应该始终坚持的基本原则和方向，使我国更加坚定地认识到新时代要在之前成就的基础上继续奋斗。对照国际治理的先进经验，可以看到我国在乡村治理现代化方面还有明显差距，我国处于从"富起来"到"强起来"的历史追赶期，乡村治理中很多难点都是长期积累没有得到解决的"硬骨头"。本书从乡村治理的外在和内在矛盾出发，揭示了社会转型、区域发展、土地产权和阶层变化等方面对乡村治理的冲击和考验，以及党的领导体制机制、治理体系和治理能力的欠缺，要对这些问题进行认真分析，抓住全面深化改革的良好历史机遇，以不回避问题和敢于面对矛盾的勇气来推进乡村实践。一方面，要明确新时代推进乡村治理现代化的主要原则；另一方面，要从治理体系和治理能力两个维度发力，针对性地完善治理体系，提升乡村治理的社会化、专业化、法治化和智能化，促进乡村治理现代化的实现。

总之，新时代背景下的乡村治理问题是一个实践性和理论性都很强的课题，如何继续构建新时代乡村治理体系和提升乡村治理能力现代化还是一个未竟的话题，如何在乡村治理现代化的进程中进一步厘清各主体之间的关系、明确各组织在乡村治理中的职责和定位、建立自治、德治、法治相结合的治理体系和健全现代乡村社会治理体制等都需要进行系统的研究。本书在这方面做了初步归纳、整理和探索，相关研究还有很大的空间。

历史正在并将继续证明，只要坚持以习近平新时代中国特色社会主义思想为指导，全面贯彻和强化党对乡村治理工作的领导，努力把乡村治理制度优势更好地转化为治理效能，我国的乡村治理现代化一定能够早日实现。

主要参考文献

一、专著（含译著）

[1] 马克思恩格斯全集：第4卷[M]．北京：人民出版社，1958．

[2] 马克思恩格斯全集：第7卷[M]．北京：人民出版社，1959．

[3] 马克思恩格斯全集：第33卷[M]．北京：人民出版社，2004．

[4] 马克思恩格斯选集：第1-4卷[M]．北京：人民出版社，1995．

[5] 马克思恩格斯选集：第1-4卷[M]．北京：人民出版社，2012．

[6] 马克思恩格斯文集：第1-10卷[M]．北京：人民出版社，2009．

[7] 列宁选集：第1-4卷[M]．北京：人民出版社，2012．

[8] 列宁全集：第1-7册[M]．北京：人民出版社，2014．

[9] 列宁全集：第35卷[M]．北京：人民出版社，1985．

[10] 列宁全集：第43卷[M]．北京：人民出版社，1987．

[11] 列宁全集：第39卷[M]．北京：人民出版社，2017．

[12] 毛泽东选集：第1-4卷[M]．北京：人民出版社，1991．

[13] 毛泽东文集：第1-8卷[M]．北京：人民出版社，2003．

[14] 周恩来选集：下卷[M]．北京：人民出版社，1984．

[15] 邓小平文选：第1卷[M]．北京：人民出版社，1994．

[16] 江泽民文选：第1-3卷[M]．北京：人民出版社，2006．

[17] 胡锦涛文选：第1-3卷[M]．北京：人民出版社，2016．

[18] 习近平．习近平谈治国理政：第一卷[M]．北京：外文出版社，2014．

[19] 习近平. 习近平谈治国理政：第二卷［M］. 北京：外文出版社，2017.

[20] 习近平. 干在实处走在前列：推进浙江新发展的思考和实践［M］. 北京：中共中央党校出版社，2014.

[21] 习近平. 摆脱贫困［M］. 福州：福建人民出版社，1992.

[22] 习近平的七年知青岁月［M］. 北京：中共中央党校出版社，2017.

[23] 习近平. 决胜全面建成小康社会 夺取新时代中国特色社会主义伟大胜利：在中国共产党第十九次全国代表大会上的讲话［M］. 北京：人民出版社，2017.

[24] 中共中央宣传部. 习近平总书记系列重要讲话读本［M］. 北京：学习出版社、人民出版社，2014.

[25] 中共中央文献研究室. 十八大以来重要文献选编：上［M］. 北京：中央文献出版社，2014.

[26] 中共中央文献研究室. 十八大以来重要文献选编：中［M］. 北京：中央文献出版社，2016.

[27] 本书编写组：《中共中央关于全面深化改革若干重大问题的决定》辅导读本［M］. 北京：人民出版社，2013.

[28] 中共中央党史研究室. 中国共产党历史：第二卷（1949—1978）［M］. 北京：中共党史出版社，2011.

[29] 中共中央文献研究室. 建国以来重要文献选编：第十五册［M］. 北京：中央文献出版社，1997.

[30] 中共中央文献研究室. 十四大以来重要文献选编：上册［M］. 北京：人民出版社，1996.

[31] 王沪宁. 当代中国村落家族文化［M］. 上海：上海人民出版社，1991.

[32] 宋恩荣. 晏阳初文集［M］. 北京：教育科学出版社，1989.

[33] 费孝通. 乡土中国·乡土重建［M］. 北京：群言出版社，1999.

[34] 费孝通. 江村经济：中国农民的生活［M］. 南京：江苏人民出版社，2005.

[35] 梁漱溟. 乡村建设理论 [M]. 北京：北京发展出版社，2006.

[36] 梁漱溟. 中国文化要义 [M]. 上海：上海人民出版社，2011.

[37] 韩长赋. 中国现代化进程中的"三农问题" [M]. 北京：中国农业出版社，2011.

[38] 农业部软科学委员会办公室. 农村改革与统筹城乡发展 [M]. 北京：中国财政经济出版社，2010.

[39] 贺雪峰. 治村 [M]. 北京：北京大学出版社，2017.

[40] 王怀超，秦刚. 科学社会主义基本理论 [M]. 北京：中共中央党校出版社，2017.

[41] 秦宣. 科学社会主义基础理论研究 [M]. 北京：北京师范大学出版社，2017.

[42] 许蓉. 列宁农村建设思想研究 [M]. 北京：人民出版社，2016.

[43] 康晓强. "村情通"：新时代乡村治理新模式 [M]. 北京：人民出版社，2018.

[44] 刘俊杰. 社会主义国家治理 [M]. 北京：人民出版社，2018.

[45] 黄涛，朱悦蘅. 农村产权制度变革与乡村治理研究 [M]. 北京：商务印书馆，2018.

[46] 范拥军. 乡级治理现代化研究 [M]. 北京：中国社会科学出版社，2018.

[47] 任路，李博阳，方帅等. 清远改革：以治理有效引领乡村振兴 [M]. 北京：社会科学文献出版社，2018.

[48] 刘儒. 乡村善治之路：创新乡村治理体系 [M]. 郑州：中原农民出版社，2019.

[49] 徐勇. 中国农村村民自治（增订本）[M]. 北京：生活·读书·新知三联书店，2018.

[50] 徐勇. 乡村治理与中国政治 [M]. 北京：中国社会科学出版社，2003.

[51] 徐勇. 非均衡的中国政治：城市与乡村比较 [M]. 北京：中国广播电视出版社，1992.

[52] 饶静. 农村组织和乡村治理现代化 [M]. 北京：中国农业大学出版社，2019.

[53] 俞可平. 论国家治理现代化 [M]. 北京：社会科学文献出版社，2014.

[54] 俞可平. 治理与善治 [M]. 北京：社会科学文献出版社，2000.

[55] 郭元凯，谌玉梅. 组织振兴：构建新时代乡村治理体系 [M]. 郑州：中原农民出版社，北京：红旗出版社，2019.

[56] 杨嵘均. 乡村治理结构调适与转型 [M]. 南京：南京师范大学出版社，2014.

[57] 李勇华. 乡村治理现代化中的村民自治权利保障 [M]. 北京：中国社会科学出版社，2015.

[58] 汪世荣，褚宸舸. 枫桥经验：基层社会治理体系和能力现代化实证研究 [M]. 北京：法律出版社，2018.

[59] 周挺. 乡村治理与农村基层党组织建设 [M]. 北京：知识产权出版社，2013.

[60] 冯俊峰. 乡村振兴与中国乡村治理 [M]. 成都：西南财经大学出版社，2018.

[61] 刘须宽. 国家治理体系和治理能力现代化 [M]. 北京：人民日报出版社，2020.

[62] 张小劲，于晓虹. 推进国家治理体系和治理能力现代化六讲 [M]. 北京：人民出版社，2014.

[63] 肖富群. 马克思主义经典作家农民合作理论及当代实践 [M]. 北京：社会科学文献出版社，2017.

[64] 赵树凯. 乡镇治理与政府制度化 [M]. 北京：商务印书馆，2010.

[65] 王习明. 城乡统筹进程中的乡村治理变革研究 [M]. 北京：人民出版社，2012.

[66] 国家行政学院经济学教研部. 中国经济新常态 [M]. 北京：人民出版社，2014.

[67] 娄树旺，张玉伟. 中国乡镇政府与村委会关系研究 [M]. 济南：山东人民出版社，2014.

[68] 向春玲. 推进国家治理体系现代化 [M]. 北京：中共中央党校出版社，2015.

[69] 李万忠. 乡村干部手记——中国乡村治理中鲜为人知的实况（1990—2017）[M]. 北京：知识产权出版社，2018.

[70] 陈燕妮. 马克思恩格斯城乡融合思想与我国城乡一体化发展研究 [M]. 北京：中国社会科学出版社，2017.

[71] 谭德宇. 新农村建设中的农民主体性研究 [M]. 北京：人民出版社，2017.

[72] 邱春林. 中国共产党农村治理能力现代化研究 [M]. 济南：山东人民出版社，2017.

[73] 张高陵. 中共领导人与中国现代化 [M]. 北京：中央文献出版社，2004.

[74] 袁金辉. 乡村治理与农业农村现代化 [M]. 郑州：郑州大学出版社，2007.

[75] 祁勇，赵德兴. 中国乡村治理模式研究 [M]. 济南：山东人民出版社，2014.

[76] 韩丁. 翻身：中国一个村庄的革命纪实 [M]. 北京：北京出版社，1980.

[77] 许海清. 国家治理体系和治理能力现代化 [M]. 北京：中共中央党校出版社，2013.

[78] 权丽华. 国家治理能力现代化背景下的乡村治理研究 [M]. 北京：光明日报出版社，2016.

[79] 冯兴元，柯睿思，李人庆. 中国的村级组织与村庄治理 [M]. 北京：中国社会科学出版社，2009.

[80] 萧贵毓，张海燕. 社会主义发展史纲 [M]. 北京：中共中央党校出版社，1997.

[81] 黄宗智. 华北的小农经济与社会变迁 [M]. 北京：中华书局，2000.

[82] G.沙布尔·吉玛,丹尼斯·A·荣迪内利.分权化治理:新概念与新实践[M].唐贤兴,张进军,等译.上海:上海人民出版社,2013.

[83] 酒井富夫等.日本农村再生:经验与治理[M].李雯雯,殷国梁,高伟,译.北京:社会科学文献出版社,2019.

[84] 瑞雪·墨菲.农民工改变中国农村[M].黄涛,王静,译.杭州:浙江人民出版社,2009.

二、期刊（含外文期刊）

[1] 林星,王宏波.乡村振兴背景下农村基层党组织的组织力:内涵、困境与出路[J].科学社会主义,2019（5）.

[2] 张艳娥.关于乡村治理主体几个相关问题的分析[J].农村经济,2010（1）.

[3] 徐勇.县政、乡派、村治:乡村治理的结构性转换[J].江苏社会科学,2002（2）.

[4] 苏海新,吴家庆.论中国乡村治理模式的历史演进[J].湖南师范大学社会科学学报,2014（6）.

[5] 冯石岗,杨赛.新中国成立以来我国乡村治理模式的变迁及发展趋势[J].行政论坛,2014（2）.

[6] 赵树凯.乡村治理:组织和冲突[J].战略与管理,2003（6）.

[7] 郭正林.乡村治理及其制度绩效评估:学理性案例分析[J].华中师范大学学报（人文社会科学版）,2004（8）.

[8] 罗光华.城乡治理体系的现代化与乡村治理能力塑造[J].当代世界与社会主义,2014（6）.

[9] 李文政.当前中国乡村治理的困境与对策探究[J].中国农学通报,2009（16）.

[10] 王培刚,庞荣.国际乡村治理模式视野下的中国乡村治理问题研究[J].中国软科学,2005（6）.

[11] 贺雪峰，董磊明，陈柏峰. 乡村治理研究的现状与前瞻 [J]. 学习与实践，2007（8）.

[12] 巢小丽. 乡村治理现代化的建构逻辑："宁海36条"政策绩效分析 [J]. 中国行政管理，2016（8）.

[13] 范瑞光. 乡村治理现代化的困境及对策分析 [J]. 理论观察，2016（8）.

[14] 邱春林. 中国共产党农村治理能力现代化的路径选择 [J]. 理论学刊，2014（11）.

[15] 卢福营. 村民自治背景下的基层组织重构与创新：以改革以来的浙江省为例 [J]. 社会科学，2010（2）.

[16] 张红宇. 乡村振兴与制度创新 [J]. 农村经济，2018（3）.

[17] 孔祥智，张琛. 十八大以来的农村土地制度改革 [J]. 中国延安干部学院学报，2016（2）.

[18] 贺雪峰. 乡村治理研究与村庄治理研究 [J]. 地方财政研究，2007（3）.

[19] 王春光. 中国地方社会治理实践的理论透视 [J]. 中共中央党校学报，2017（5）.

[20] 吴莹. 现代化进程中乡村社会治理模式的困境与出路 [J]. 北方论丛，2017（2）.

[21] 丁祥艳. 社会主义新农村视域中的乡村治理优化研究 [J]. 求实，2009（7）.

[22] 李营. 乡村治理法治化转型困境及破解之策 [J]. 领导科学，2019（22）.

[23] 戴文亮. 乡村自治的"弱治理"困境及突破 [J]. 生态经济，2013（6）.

[24] 郑会霞. 乡村振兴背景下乡村治理能力提升的四个维度 [J]. 学习论坛，2019（12）.

[25] 杜熙，孟楠. 乡贤文化助力农村治理现代化 [J]. 人民论坛，2018（16）.

[26] 韩鹏云. 乡村治理现代化的实践检视与理论反思 [J]. 西北农林科技大学学报（社会科学版），2020（1）.

［27］蒋永穆，王丽萍，祝林林. 新中国 70 年乡村治理：变迁、主线及方向［J］. 求是学刊，2019（5）.

［28］尹希果，陈彪. 论统筹城乡综合配套改革试验区的基层县乡村治理结构改革［J］. 经济体制改革，2010（4）.

［29］陈锡文. 构建城乡统筹的基层党建新格局［J］. 学习与研究，2009（10）.

［30］任艳妮. 乡村治理主体围绕治理资源多元化合作路径探析［J］. 农村经济，2011（6）.

［31］赵国宝. 政治冷漠与农村民主政治发展［J］. 中共宁波市委党校学报，2004（2）.

［32］樊瑛华，李秀珍. 中国新农村建设与韩国新村运动的比较研究［J］. 人文杂志，2008（3）.

［33］陈军亚. 产权发展与集体经济的效率差异［J］. 江汉论坛，2015（2）.

［34］文东升. 小农生产方式及相关概念辨义：马克思、恩格斯著作语境［J］. 生产力研究，2009（13）.

［35］杨国先. 充分发挥多元社会治理主体的协同效应：基于雅安市群团组织社会服务中心的创新探索［J］. 国家治理，2016（8）.

［36］Rozelle Scott and Guo Li. Village Leaders and Land – Rights Formation in China［J］. *American Economics Review*，1998（5）.

［37］Hanan G. Jacoby. Hazards of Expropriation：Tenure Insecurity and Investment in rural China［J］. *The American Economic Review*，2002（5）.

［38］Tony Saich：Citizens' Perceptions of Governance in Rural and Urban China［J］. *Journal of Chinese Political Science*，2007（12）.

三、其他（报纸和论文）

［1］胡锦涛. 高举中国特色社会主义伟大旗帜 为夺取全面建设小康社会新胜利而奋斗——在中国共产党第十七次全国代表大会上的报告［N］. 人民日报，2007 - 10 - 25.

［2］习近平. 谋求持久发展 共筑亚太梦想：在亚太经合组织工商领导人峰会开幕式上的演讲［N］. 人民日报，2014－11－10.

［3］习近平. 在庆祝中国共产党成立 95 周年大会上的讲话［N］. 人民日报，2016－07－01.

［4］江必新. 推进国家治理体系和治理能力现代化［N］. 光明日报，2013－11－15.

［5］辛鸣. 我国仍处于社会主义初级阶段［N］. 人民日报，2018－05－02.

［6］王小君. 现阶段我国乡村治理能力现代化问题研究［D］. 新乡：河南师范大学，2016.

［7］陈永蓉. 国家治理现代化背景下的村规民约研究［D］. 武汉：华中师范大学，2017.

［8］宋勇刚. 中国共产党执政以来的县域治理研究［D］. 北京：中共中央党校，2018.

［9］管文行. 乡村振兴背景下农村治理主体结构研究［D］. 长春：东北师范大学，2019.

［10］阳斌. 新时代中国共产党乡村治理研究［D］. 成都：西南交通大学，2019.

后 记

时间如白驹过隙。转眼间,我从中央党校(国家行政学院)博士毕业已一年有余。这本著作是在我博士论文基础之上修改出版的。在中央党校学习的三年是我人生中具有特殊意义的三年,在这里的所学所悟,不仅使我在学术道路上不断攀登,更进一步,也使我的品格修养在党性的锤炼中得到提升,更加坚定了"为党即是为人民服务"的信念。在写作过程中,有过困难面前的犹豫徘徊,但更多的是在认真思考、战胜困难、厘清思路之后"柳暗花明又一村"的成就感。所有这些,都离不开中央党校的教育和培养,离不开导师的指引和教诲,离不开身边同窗、同事和家人的支持和帮助。

中央党校是党的最高学府,在我心中有着神圣的地位。能在这里求学是我的幸运。通过三年学习,党校"实事求是"的校训融入了我的血液里。在这里,有完善的培养机制和课程体系,使我能够深入细致地进行理论学习,尽快补足专业的短板,为论文写作奠定理论基础;在这里,有专门的党性实践教育安排,组织重温焦裕禄精神和红船精神等,让我有机会在实践中锤炼党性;在这里,有机会聆听学术大师以及国家部委领导所做的最前沿的政策动态解读,让我有"久旱逢甘霖"般解渴的感觉;在这里,有为学生量身定制

后 记

的国际化的学术交流机制和平台，我参加党校组织的"瑞士—亚洲暑期学术交流活动"，使我有机会用英文与国外学者探讨共同面临的乡村治理问题时的收获和得到的启发。总之，在党校我抓住了难得的学习机会，因为我深知"三更灯火五更鸡，正是男儿读书时。黑发不知勤学早，白首方悔读书迟"。在这里的一切，不论是取得成绩的喜悦，还是求学路上的挫折，都将成为我今生最美好的回忆。

我要感谢我的导师刘俊杰老师。我的导师对我的教诲和影响是全方位的，从如何做人、怎么做好学问到应该以什么样的态度对待工作。刘老师为人谦逊，思维睿智，充满了对美好生活的正能量，这些都时刻感染着我，让我牢记任何时候都不能放松和懈怠。刘老师教导我要为人谦逊，既注重学生对科学社会主义原理的精准理解，又强调理论联系实际的重要性，多次带领我赴乡村基层调研，包括赴溧阳调研民营企业在乡村发展中的问题，以及赴海南调研基层乡村党建的优秀做法，使"没有调查研究就没有发言权"不再是一句空话，为我的论文选题和实证研究打下了良好的基础。中央党校科社部其他很多老师对我提供了耐心的指导，有时，他们的一句话都会让我感到醍醐灌顶。党校老师们对学生高度负责的精神和专业严谨的治学态度，让我终生难忘。

在攻读博士的日子里，同窗情谊是另外一种力量支撑。每当我得到来自同窗的鼓励和加油，就会信心倍增。除此以外，我还收到了来自领导和同事的大力支持和鼓励，他们支持我攻读博士学位提高自己，给了我很大的精神动力。家人在背后的付出也让我感动，父母和妻子在我攻读博士期间承担了更多家务和教育孩子的责任，让我能够将更多的时间投入写作中去，他们是我最坚强的后盾。

生命是一场永不停息的赛跑，而我们这一代很幸运地生活在新时代的跑道上，是新时代的见证者、参与者和贡献者。今后，我将以更自信、更坚定的步伐走在为人民服务的道路上，不放弃、不回头，在平凡的岗位上实现人生价值，为实现人民幸福、国家富强和民族复兴贡献自己的力量。